Science Pearls   Youth Edition

国际科普大师丛书（青春版）● 数理篇

发现的乐趣

费曼演讲、访谈集

The Pleasure of Finding Things Out

The Best Short Works of Richard P. Feynman

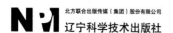

北方联合出版传媒（集团）股份有限公司

辽宁科学技术出版社

［美］ 理查德·费曼
(Richard P. Feynman) /著

朱宁雁/译

图书在版编目（CIP）数据

发现的乐趣 /（美）理查德·费曼著；朱宁雁译.
沈阳：辽宁科学技术出版社，2025. 1. --（国际科普大
师丛书：青春版）. -- ISBN 978-7-5591-3890-3

Ⅰ. Z228

中国国家版本馆CIP数据核字第202454978E号

出 版 者：辽宁科学技术出版社
　　　　　　（地址：沈阳市和平区十一纬路25号 邮编：110003）

印 刷 者：大厂回族自治县德诚印务有限公司

发 行 者：未读（天津）文化传媒有限公司

幅面尺寸：889mm×1194mm，32开

印　　张：7.875

字　　数：197千字

出版时间：2025年1月第1版

印刷时间：2025年1月第1次印刷

选题策划：联合天际

责任编辑：张歌燕　马　航　于天文　王丽颖

特约编辑：边建强　王羽翯

美术编辑：王晓园

封面设计：typo_d

责任校对：王玉宝

书　　号：ISBN 978-7-5591-3890-3

定　　价：38.00元

关注未读好书

客服咨询

目录

序　我顶礼膜拜的偶像

伊丽莎白一世时期的剧作家本·琼森（Ben Jonson）曾撰文写道："我确实热爱此人，狂热程度不亚于任何一种偶像崇拜。""此人"指的正是琼森的良师益友——威廉·莎士比亚。琼森和莎士比亚都是卓有成就的剧作家。琼森是一位饱学之士，颇有学者气质；而莎士比亚则是个天才，不拘小节。所谓的"文人相轻"在他们之间根本不存在。莎士比亚比琼森年长 9 岁，在琼森开始创作前，他的经典名剧就已经登上了伦敦各大舞台。正如琼森所言，莎士比亚"待人真诚，率性坦然"，不仅对他这位年轻的文友鼓励有加，还不吝奖掖后进。莎士比亚对琼森最有力的扶持就是在 1598 年琼森的第一部戏剧《人各有癖》（*Every Man in His Humour*）首演时，他亲自担纲主演。这部戏轰动一时，琼森就此开始了剧作家的职业生涯。那年，琼森 25 岁，莎士比亚 34 岁。在这之后的岁月里，琼森继续创作诗歌和剧本，他的许多剧本都交由莎士比亚的剧团演出。琼森凭自己的努力成为一位蜚声于世的诗人和学者，身后得以入葬威斯敏斯特教堂。但是他从未忘怀老朋友对他的提携之恩。莎士比亚去世后，琼森写了一首挽诗，"致我最敬爱的大师——威廉·莎士比亚"，诗中有这样的名句：

> 他不属于某一个时代，而属于所有世纪。

> 尽管你不大懂拉丁，更不通希腊文，
> 我不到别处去找名字来把你推尊，

我要唤起雷鸣的埃斯库罗斯，

还有欧里庇得斯、索福克勒斯，……

也唤回人世来，听你的半统靴登台。

天籁本身以他的心裁而得意，

穿起他的诗句来好不欢喜，……

然而我决不把一切归之于天成：

温柔的莎士比亚，你的工夫也有份。

虽说自然就是诗人的材料，

还是靠人工产生形体。谁想要

铸炼出笔下那样的活生生一句话

就必须流汗，……

因为好诗人靠天生也是靠炼成。

琼森和莎士比亚的故事跟理查德·费曼有什么关系吗？答案很简单——我可以照搬琼森的原话："我确实热爱此人，狂热程度不亚于任何一种偶像崇拜。"由于命运的眷顾，我有幸拜费曼为师。1947 年，我从英国来到康奈尔大学求学，自以为学识渊博，颇有学者风范，可是费曼这个不拘小节的天才立马让我心悦诚服并甘愿拜在其门下。仗着年少轻狂，我自比为琼森，将费曼比作莎士比亚。我不曾指望在美国遇到莎士比亚那样的导师，但是这样的人一旦出现在我面前，我就会一眼把他认出来。

在遇到费曼之前，我已经发表过许多数学论文，这些论文净卖弄些小聪明，含金量不高。当我一遇到费曼，我就知道自己已经置身另一重境界。费曼对发表华而不实的论文毫无兴趣。能让他为之奋斗的事业是：通过彻底重建物理学来理解大自然的工作机理。我还从未见过任何人能像他那样孜孜探索、不懈奋斗。我很幸运，在他八年的奋斗接近尾声之时遇见他。七年前，当他还是约翰·惠勒（John Wheeler）的学生时所设想的新物理学，这时终于初见雏形，他称之为"时空方法"（the space-time approach）。在1947年，这套学说还尚显粗糙，有些问题还没有解释清楚，还有诸多自相矛盾的地方。但是我一眼就断定它必定是正确的。我抓住每一个机会用心聆听费曼讲话，努力去理解他恣肆汪洋的科学见解。他喜欢侃侃而谈，也欢迎我这个听众。我们成了终生挚友。

接下来的一年时间里，我见证了费曼不断完善他那一套用图形和图表解释大自然的方法，最终将遗留问题一一解决，并捋顺了所有前后矛盾的说法。然后，他开始利用这些图表计算数值。他可以用惊人的速度计算出完全可与实验结果相媲美的数值，也就是说，实验得到的结果跟他计算出的数值完全吻合。1948年夏天，我们亲眼见证琼森的话变成现实："天籁本身以他的心裁而得意，穿起他的诗句来好不欢喜。"

也正是在那一年，我一边和费曼散步、聊天，一边研究物理学家朱利安·施温格（Julian Schwinger）和朝永振一郎（Sinitiro Tomonaga）的理论，他们走的是一条更传统的路子，得出的结论却与费曼的类似。施温格和朝永振一郎各自独立开展研究，他们运用更费力也更复杂的方法，成功计算出了一些数值，而这些数值跟费曼利用他的图表轻轻松松直接得到的数值如出一辙。施温格和朝永振一郎并没有重建物理学，他们在传统物理学的框架内引入了一些新的数学方法从而得出那些数值。当我发现他们的计算结果显然与费曼的数值一致时，我知道老天赐予我一个难得的机会：我可以对这三种理论进行研究对比。我写了一篇论文，标题为《朝永振一郎、施温格和费曼的辐射理论》，文中我阐释了这三种理论为何看似不同而实质上却是一样的。我的论文发表在1949年的《物理评论》上，就此开启了我的职业生涯，其意义正如《人各有癖》之于琼森。

那一年我 25 岁，和当年的琼森同龄；而费曼才 31 岁，比 1598 年时的莎士比亚还年轻 3 岁。我努力以同样尊崇的态度对待这三位物理学家的理论，但我心里明白：这三人中最伟大的还得数费曼，而我写那篇论文的主要目的就是让世界各地的物理学家更容易接受他那些革命性的思想。费曼非常支持我发表他的思想，从未抱怨我抢了他的风头。而他才是我这出戏里的领衔主角！

我从英国带到美国来的一件心爱之物是 J. 多佛·威尔逊（J. Dover Wilson）所著的《莎士比亚传略》（*The Essential Shakespeare*）。这是莎士比亚的一本小传，我文中引用的琼森的话大部分都摘自此书。威尔逊的书既不是虚构的小说，也不是历史文献，而是介乎两者之间。威尔逊以琼森等人的第一手资料为基础，运用自己的想象力，将其与珍稀的历史文献相结合，努力还原莎士比亚的生平。特别值得一提的是，莎士比亚出演琼森剧目的最早证据来自一份 1709 年的文献，其时距此事件已有 100 多年了。我们知道，莎士比亚既是一位著名的作家，也是一位出色的演员。我认为人们没有理由去质疑威尔逊笔下的这个老故事。

幸运的是，记录费曼生平和思想的文献并非为数寥寥。这本书就是这些文献资料的一个合集，它记录了费曼演讲和接受采访时的音容笑貌，还有他的几篇随笔。这些文献资料都是非学术性的，面向的对象是普通大众而不是从事科研的圈内人。我们从中可以看到一个真实的费曼——他一直在玩着思想的游戏，但是对自己看重的东西却始终抱着严肃认真的态度。他看重的是诚实、独立以及坦然承认自己无知。他讨厌把人分作三六九等，乐于跟各行各业的普通人交朋友。在人生这个舞台上，他跟莎士比亚一样，也是一位有喜剧天赋的演员。

除了对科学抱有异乎寻常的热情，费曼还喜欢跟朋友开玩笑并乐此不疲。他对各种俗世的乐趣也兴致盎然。我认识费曼一周之后，在写给父母的信中这样描述他："一半是天才，一半是滑稽演员。"在倾心尽力探究自然规律之余，费曼喜欢与朋友们一起娱乐消遣：他喜欢打他的邦戈鼓，喜欢恶作剧或者讲故事来逗每个人开心。在这方面，他与莎士比亚也很相似。我从威尔逊的书中摘抄了琼森的这段记述：

"他会夜以继日专心写作，一刻也不放松，直至累到虚脱才罢休；而一旦停下工作，他就会沉迷于各种运动和娱乐之中，这时想将他拉回到书桌前根本没戏；但是当他彻底放松后重新拿起笔时，他的创作欲望就会变得更强烈，更热切。"

莎士比亚是这样，我顶礼膜拜的偶像——我熟知和热爱的费曼也是这样。

弗里曼·戴森
于新泽西州普林斯顿高等研究院

编者导语

最近我参加了在哈佛大学庄严的杰斐逊物理实验室（Jefferson Lab）举办的一场讲座，主讲人是罗兰德科学院的莱娜·豪（Lene Hau）博士。不久前她做的一个实验不仅被著名的科学杂志《自然》报道，还上了《纽约时报》的头版。在实验中，她（和她的研究团队——成员既有学生，也有科学家）让激光束穿过一种叫"玻色–爱因斯坦冷凝物"的新物质（一种特殊的量子态，一堆原子被冷却到几近绝对零度，几乎停止运动，而它们的整体行为则像是单个的粒子），这种新物质使光束的速度降低到令人难以置信的程度——每小时 38 英里（约 61 千米）。我们知道，光的传播速度极快，在真空里为每秒钟 186000 英里（约 30 万千米），即每小时 669600000 英里；而光通过任何介质时，比如通过空气或玻璃时，它的速度只会减慢一点点，几乎可以忽略不计。现在我们做一个计算，拿 38 英里 / 小时除以 6.696 亿英里 / 小时，计算结果是 0.00000006，也就是说，这个速度是光在真空中传播速度的一亿分之六。打个比方，伽利略从比萨斜塔上投下来几个铁球，如果铁球的速度也减慢那么多的话，两年后这些球才落到地面上。

这个讲座令我大为震撼（我想，即便是爱因斯坦在场，他也会很震惊吧）。我平生第一次有点儿感受到理查德·费曼所说的"发现的震撼"，那是一种突如其来的感受（可能类似于顿悟，虽然这次只是间接的）。我会觉得自己已经攫住了一个美妙的新想法，感到这个世界多了一点新鲜的东西，并意识到自己正在见证一个重大的物理事件，其戏剧性或激动人心之处，并不亚于传说中牛顿在那一刻的感觉——当他意识到，导致苹果砸到他头上的那种神秘的力量其实就是使月球绕着地球旋转的力量；那种感觉就像费曼在理解光和物质相互作用的本质的道路上迈出了蹒跚的第一步时的感受——那关键的一步最终为他赢得了诺贝尔奖。

坐在听众席里，我仿佛感觉费曼就坐在我的身边，探头凑在我耳边轻声说："你看到了吗？这就是科学家坚持研究的原因，这就是我们为了获取一丁点儿的知识奋不顾身的原因。为了寻找一个问题的答案，我们要通宵达旦地工作；为了更深入理解一个问题，哪怕是增加一点点的认识，我们也要翻越最险峻的高峰；而最终有所发现时的欢欣愉悦，仅仅是探究世界的乐趣的一部分而已。"[1]费曼总是说，他研究物理既不是为了荣誉，也不是为了获奖和拿奖金，纯粹只是因为乐在其中——发现大自然的运行规律，其中自有一番乐趣。

费曼留给我们的宝贵财富是他全身心投入科学研究以及忠实践行科学的精神——这包括科学的逻辑架构和研究方法、拒绝教条主义，还有对质疑精神的无限包容。费曼相信——而且这是他的生活信念——如果人们本着负责任的心态运用科学，科学不仅能给人带来乐趣，而且对未来的人类社会有着不可估量的价值。像所有伟大的科学家一样，费曼喜欢和同事——还有科学的门外汉——分享他对自然规律的好奇。最能体现他对知识孜孜以求的例子，莫过于费曼的这本短文集（其中大部分都发表过，只有一篇没有

---

[1] 还有一件最激动人心的事情——如果不是我生命中最激动人心的事情，那也至少是我编辑生涯中最激动人心的事情——发现了 20 世纪 60 年代初费曼在华盛顿大学做的三次演讲的文本，它们尘封已久，从未公开发表过。这些演讲文稿后来被编辑成书《所有这一切的意义》（The Meaning of It All，台湾天下文化出版社 2005 年出版译作时，书名为《这个不科学的年代》——译注）。但是，那只是因为找到某些东西而快乐，而不是探究事物真相的快乐。——编注

公开发表过）。

要理解费曼的神奇和过人之处，最佳途径就是阅读这本书。在书里你会发现费曼涉猎很广，不只是物理，他对很多问题都有深邃的思考，并能娓娓道来，引人入胜。他谈到了教学的艺术——在这方面无人能出其右，他还谈到宗教、哲学和自己初涉学术界的生涩经历；未来的计算机和纳米技术——他是这个领域的先驱；常怀谦逊之心，从事科学工作的乐趣，以及科学和文明的未来；崭露头角的科学家应该如何看待这个世界；还有官僚阶层可悲的无知——这直接导致了"挑战者号"航天飞机事故的发生，他那份（调查）报告一下子占据了报刊的头条，并使"费曼"这个名字家喻户晓。

值得注意的一点是，这些短文鲜有重复的地方，但是有少数几处费曼会再次提及一些事情，于是我就做主删掉其中一处，以免读者重复阅读。在被删除的那一处，我会插入省略号（……）标注一下。

费曼不甚注重语法，这一点在本书中体现得很明显——那是由于本书有大量的篇幅都是从演说或访谈转录成文字的。为了保留费曼言谈间的神韵，因此，一般情况下，我不会改动他那些不合乎语法规定的表达。不过，遇到以下这些情况，比如文字转录工作质量不高，或是录音不连贯，从而造成字句不好理解，或是用词怪异，我会做一些必要的修改。我认为这种处理对费曼的本意丝毫无损，文章读上去还是费曼的风格，而可读性更强了。

生前备受赞誉，身后推崇不减，费曼一直是社会各阶层人士汲取智慧的源泉。本书精选费曼的精彩演讲、访谈及其撰写的文章，我期待费曼的忠实追随者和初次领略到费曼之特立独行和桀骜不驯的人们——不仅仅限于这个时代——能从中受到鼓舞，并享受亲近费曼思想的乐趣。

打开这本书，享受阅读的乐趣吧！在阅读过程中不妨不时开怀大笑几声，或者从书中学得一二人生经验，或者汲取一些灵感，但是最重要的是，你将体会到探究一个非凡人物的乐趣。

感谢米歇尔·费曼和卡尔·费曼一直以来慷慨无私的帮助；感谢加州理工学院档案馆的朱迪思·古德斯坦博士、邦妮·路德博士和谢莉·欧文博士，感谢你们古道热肠、倾情相助，我们得以编成此书离不开你们的帮助；在此特别要感谢弗里曼·戴森教授，他为本书撰写的序言雅致隽永、启人心智。

我还要感谢约翰·格里宾、托尼·海伊、梅拉妮·杰克逊和拉尔夫·莱顿，他们在成书过程中时常给予我们精妙的建议。

杰弗里·罗宾斯
于马萨诸塞州雷丁镇
1999 年 9 月

第一章

发现的乐趣

此篇为电视访谈文字整理版。1981年，BBC科普节目《地平线》采访了费曼，这期节目后来在美国的科普节目《新星》上播出。其时费曼已进入人生暮年（费曼于1988年去世），我们在节目中看到的是一位睿智的长者在反思自己的人生历程和此生成就——唯有历经岁月洗礼方能有此番感悟。采访中，费曼言谈率直、轻松，饱含感情，他谈了很多内心的想法：为什么说仅仅知道一个事物的名称其实等同于对其一无所知；当广岛成千上万人遭受原子弹荼毒之际，他和他的同事——曼哈顿计划的原子物理学家们，即原子弹这种可怕的武器的研发团队——何以能够痛饮狂欢、庆贺胜利；还有，为什么说即便没有得诺贝尔奖，费曼照样也能把自己的人生过得很精彩。

科学家眼中的花之美

我有一个朋友，他是个艺术家，他有些观点我真是不敢苟同。他会拿起一朵花，说道："看，这花多美啊！"是啊，花很美，我也会这么想。他接着会说："你看，作为一个艺术家，我会欣赏花的美；而你是个科学家，只会职业性地去层层剖析这花，那就无趣了。"我觉得他在胡扯。首先，我相信，他发现花很美，其他人和我也能看到，不过，我可能没有他那样精妙的审美感受，但是毋庸置疑，我懂得欣赏花的美。而我同时还能看到更多的东西：我会想象花朵里面的细胞，细胞体内复杂的反应也有一种美感。我的意思是：美不尽然在这方寸之间，美也存在于更小的微观世界，这朵花的内部构造也很美。事实上，一些进化过程很有意思，比如，一些花开始有了颜色，就是为了吸引昆虫为自己授粉，这就意味着昆虫也能看到颜色。这就带来一个问题了：低级动物也能感受到美吗？为什么能称之为"审美体验"呢？所有这些有趣的问题都说明了一件事：科学知识只会增加花的美感和神秘感，人们对花更加兴趣盎然、惊叹不已。是的，只增不减，我弄不懂为什么有人不这么想。

关于偏科

我向来就偏科偏得厉害，早些年，我几乎把所有的精力都投入到学习自然学科上面。我没有时间，也没有耐心去学习所谓的人文学科，即便是大学里那些必修的课程。我尽量逃避学习这些课程，不愿在那上头花费精力。后来，我年岁大了一些，生活节奏没那么快了，我的兴趣也多了那么一点点。我学了画画，也开始阅读一些书。但是总的来说，我还是偏科很厉害的一个人，我知道的东西很有限。我的智慧有限，我只把它用在一个特定的地方。

父亲教育我的方式

我们家有一套《不列颠百科全书》，当我还是小孩子的时候，我爸爸就经常让我坐在他腿上，给我读这套书。我们读恐龙那部分，可能那里描述了雷龙或者暴龙什么的，书上会这么写："这家伙有25英尺（约7.6米）高，脑袋有6英尺宽（1.8米）。"这时，我爸爸就停下来，说："我们来看看这句话什么意思。也就是说，假如那东西站在我们家的前院，它那么高，足以把头伸进楼上的窗户。不过呢，由于它的脑袋比窗户稍微大了些，它要是硬把头挤进来，就会弄坏窗户的。"

凡是我们一起读过的内容，爸爸都会尽量用现实生活中的事物来解释。就这样，我学到了一个方法 —— 无论我读到什么内容，我总要设法通过这种思考方式，弄明白它到底在说些什么（笑）。你看，我小时候读《不列颠百科全书》就养成了这种习惯。那时想到院子里有这么一个庞然大物，这真的会让一个小孩很兴奋。当然，我不害怕当真会有那么一个大家伙把头伸进我家的窗户里。但是想想看，这些庞然大物突然一下子就灭绝了，而且没有人知道其中的原因，这真的非常、非常有意思。

那时候，我们常去卡茨基尔山度假。平时，我们住在纽约，卡茨基尔山是人们消夏的地方。去那里度假的人很多，但平日里父亲们都去纽约上班，周末才回到山中。我爸爸回来时，会带我去树林里散步，并且引导我观察树林里正在发生的各种有趣的事情——稍后我会详细说说这些事情——其他孩子的妈妈看到我爸这么做，觉得这种做法简直太棒了，她们想让自己的丈夫也带上儿子去散步，可是他们不干，于是她们又去求我爸带上所有的孩子去散步，我爸也不干，因为他和我就像哥们儿一样——我们更愿意两人待在一起。这些妈妈只好作罢，等到下个周末的时候，那些爸爸不得不带着自己的孩子去散步。周一，爸爸们都回纽约上班了，我们小孩子在田野里玩。一个小伙伴问我："你看！你知道那是什么鸟吗？"我说："我可不知道。"他得意扬扬地说："这是 brown throated thrush"，他又加了一句，"你爸什么也没教你。"但事实恰恰相反，我爸教过我。他指着那只鸟对我说："你知道这是什么鸟？这是 brown throated thrush，在葡萄牙语里，它叫……，在意大利语里，它叫……"，他还会说，"在汉语就叫……，用日语叫是……"等等。"你看，"他说，"你知道这鸟的名字，就算你会用世界上所有的语言去称呼它，你其实对这鸟还是一无所知。你所知道的，仅仅是不同地方的人怎么称呼这种鸟而已。现在，我们来好好看看这只鸟。"

通过这些事，父亲教导我要去"观察"事物。有一天，我在玩一种小孩子拉着玩的叫"货运快车"的玩具，小车斗四周有一圈栏杆，车斗里有一个球——我记得很清楚，里头有一个球——我拉着玩具车，注意到小球滚动了，我就跑去跟爸爸说："爸，我发现了，当我拉着车往前走，球会往后滚；我突然停下来，球就会向前滚。这是怎么回事？"他回答说："谁知道怎么回事呢？一般来说，运动着的东西会继续运动下去；静止的东西也会保持不动，除非你用力去推它们。"他接着说："这就叫作惯性，没有人知道怎么回事。"这就需要深入理解这种现象了 —— 他没有只告诉我一个物理概念。他很清楚：知道一个概念和真正懂得这个概念有很大区别。而我很早也知道这一点。他接着说："如果你仔细观察，就会发现球并没有向后滚，而是你拉着车向小球移动；那小球是静止不动的，或是由于摩擦力的作用在向前移动，而不是向后移。"于是，我重新跑回来，把球又放在车斗里，然后从旁边观察。我发现爸爸说的是对的！我拉着车往前移动的时候，小球并没有往后跑，它是相对于车斗往后移动；但是相对于侧面，小球稍稍往前移动了一点，可以说是车斗的移动超过了小球而已。这就是我爸爸教育我的方式，活生生的例子，接着是探讨问题，这个过程毫无压力，都是些轻松有趣的讨论。

实干家如何学知识

我表哥比我大三岁，那时他念中学。代数这门课，他学得很吃力，所以就请了个家教。老师给他补课时，允许我待在旁边（笑）。那老师努力地教我表哥"$2x+\cdots\cdots$"之类的代数问题。我问他："你在算什么？"因为我听他说到了 x。他答道："你个小孩子知道什么？$2x+7=15$，要算出 x 等于多少。"我说："4 啊。"他回答："对的，可是你是用算术做出来的，不是用的代数。"这就是我表哥永远学不好代数的原因，因为他都不明白自己应该怎么学。这真是没有办法。幸运的是，那时我没上学，所以我学代数就知道一个目标，那就是算出 x，不管你用什么办法 —— 你知道，世界上没有这么一回事：这个问题你必须用算术做，那个必须用代数做。学校生造出这么个东西是不对的，其实那些被迫学习代数的孩子完全可以不用学那个。那些人鼓捣出一套规则，你要是照做的话，根本不用动脑子也能算出答案：等式两边都减去 7，假如还有一个乘数，那就两边再除以这个乘数，等等，走完这些步骤你就可以得到答案，即便你根本不理解自己在做什么。

数学教材从浅到深是这样编排的：先是《实用算术》，再是《实用代数》，然后是《实用三角学》。我学了三角学，但是很快就忘了，因为我不是很理解。后来图书馆打算进这套书中最新的一本《实用微积分》。我读了《不列颠百科全书》，知道微积分很重要也很有意思，我一定要学微积分。那时我大了一点，可能有 13 岁了。等这本书来的时候，我很兴奋地跑到图书馆去借，图书管理员看着我说："啊，这么大点一个孩子，你借这本书干吗？那可是给大人看的。"我记忆中有那么几次尴尬的经历，这算是一次。于是我撒了个谎，说是替我爸爸借的，是他要看。最后我把书拿回了家，开始自学微积分。我给爸爸解释微积分，他从这本教材的最开头读起，却发现微积分很难懂。这真让我有点儿难过：我不知道他竟然也有学不会的东西，他不懂书上那些东西；而我觉得那些很简单、一目了然。这是我第一次发现自己在某些地方比他懂得多。

不向权贵低头哈腰

父亲教我物理知识（笑）——不管他说得对不对，他还教我不要向权贵低头哈腰……有那么几件事情。比如说，我还是个小男孩的时候，轮转影印技术刚刚出现，也就是在报纸上能印照片了——《纽约时报》是最早采用这一技术的。他经常让我坐他腿上，翻看报纸上的照片。有一天是教皇的照片，他面前所有人都向他鞠躬。父亲说："瞧这些人，一个人站着，其他的人都在向他鞠躬。他们有什么区别吗？嗯，这个是教皇。"——他向来不喜欢教皇——他接着说："区别在于有没有肩章。"——当然，教皇的礼服上没有肩章，将军的制服上才有——但是，那个标志性装饰（肩衣，译注）就在礼服肩部这个位置，"和普通人一样，他要吃饭，也要上厕所；他也是人，和其他人没什么区别。为什么那些人要向他鞠躬呢？只是因为他有教皇这个头衔，他坐在这个位置上，因为他穿着教皇的礼服。并不是因为他做了什么了不起的事情，或者声望很高，诸如此类的原因。"顺便说一下，我爸是做制服生意的，所以他很清楚一个人穿上制服和脱下制服有什么区别，可是在他看来，穿不穿制服同样都是人。

我爸跟我在一起很开心，我相信这一点。有一次，我从麻省理工学院回家——我在那里已经学了好几年了，他对我说："这类知识，你现在已经学了不少。有个问题，我一直理解不透，你是学这个的，我想让你给我说说。"我就问他什么问题。他说，他知道当一个原子从一种状态跃迁到另一种状态时，会释放出一个叫作"光子"的光粒子。我说："是这样。"他接着问："那么，这光子原本就在原子内部吗？"我说："原子里本来没有光子，电子做了一次跃迁，就产生了光子。"他继续追问："那么，它从哪儿蹦出来的？它是怎么出来的呢？"当然，我可不能这样跟他说：目前大家的观点是，原子内部不存在什么光子，电子运动才能产生光子。我也不能这样向他解释：比如我现在出声说话，可是这声音并不在我身体里面。我的小儿子可不这样理解，他在学说话时，突然说自己说不出的一个词——"猫"这个词，因为他的"词汇口袋"里没有"猫"这个词（笑）。其实，你身体里并没有"词汇口袋"这个东西，在你想说出这个词的时候它却用完了，你只是在说话时说出了这个词。同样地，原子里也没有"光子袋"，光子出现的时候，它们并不是从什么地方出来的。我只能这样去解释，没办法说得更明白一些。我始终没有能够把他不理解的东西讲明白，他对此不太满意（笑）。想想他也不算很成功，一路供我上了那么多学，就是为了找出这些问题的答案；

17

可是他自己没能弄明白这些事情（笑）。

关于参加原子弹研制工作

[当他写博士论文的时候，费曼受邀参加原子弹研制工作。] 这工作和我原来的研究完全不一样。这意味着我不得不中断手头的工作，腾出手做另一件事。一边是自己心爱的研究；一边是我认为自己有责任做的事情，为了保卫我们的文明。不是吗？所以，我思想斗争很激烈。当时，我的第一个反应是，我不愿意打乱自己的正常生活去做这件不同寻常的事情。当然，这里还有战争的伦理问题。我不想和这个问题扯上关系，但是当我认识到这个武器的杀伤力时，我震惊了。如果这种武器能被造出来，那么这种伤害就会存在。当时也没有迹象表明，我们能研制这种武器，而他们造不出来。所以加紧合作来完成这个工作很重要。

[1943 年初，费曼在洛斯阿拉莫斯[(1)]加入了奥本海默[(2)]的团队] 关于战争伦理问题，我确实有些话要说。启动这个项目的初衷是对付德国人，因此我加入进来，第一期工作最初在普林斯顿开展，然后移到洛斯阿拉莫斯。我们努力研制原子弹，所有的努力都是为了重新设计这颗原子弹，使它的威力更大。团队里的每个人都拼命工作，合作得很好。像这样一个项目，只要你决定去做，你就会坚持到底，直到成功。但是我所做的——我要说，这么做是不道德的——是忘了我刚才说的参与这个工作的初衷，因为德国战败后，

---

(1) 洛斯阿拉莫斯（Los Alamos）位于美国的新墨西哥州，"二战"后期，闻名世界的美国原子武器研究基地——洛斯阿拉莫斯国家实验室在此建立。——译注
(2) 罗伯特·奥本海默（J. Robert Oppenheimer，1904—1967），美国犹太人物理学家、曼哈顿计划的领导者。1945 年主导制造出世界上第一颗原子弹，被誉为"原子弹之父"。——译注

制造原子弹的理由就改变了，而我压根儿没有想到这个问题，我没有去思考自己为什么还要继续干这个，我根本没有往这方面去想，难道不是吗？

成功与痛苦

[1945 年 8 月 6 日，原子弹在广岛引爆] 我能记得的唯一反应 —— 也许我会被自己的感觉蒙蔽 —— 就是非常激动和兴奋。到处是狂饮欢庆的人群，洛斯阿拉莫斯和广岛可谓一个是天堂一个是地狱。我也加入了狂欢的队伍，灌了很多酒，坐在吉普车的引擎罩上打鼓，车载着兴奋的我们满城转。而与此同时，广岛的人民则在死亡线上挣扎。

在这场特殊的战事之后，我的情绪反应很强烈。也许是因为原子弹，也可能是其他心理原因 —— 我太太去世了。我记得，广岛原子弹爆炸后不久，我和妈妈在纽约一家餐馆吃饭，我脑子里就会把原子弹和纽约这个城市联系起来。我清楚投到广岛的原子弹的威力，也知道它爆炸时波及的范围有多大。拿纽约来说，当时我们吃饭的地方可能在第 59 街 —— 我记不大清楚了，如果在 34 街投下一枚原子弹，那么冲击波会一路蔓延到我们所在的第 59 街：这一片地区的所有人都会死掉，所有的东西都会被毁掉。可怕的是，不是只有一枚原子弹，它们很容易被大量制造出来。我很早就知道这个情况 —— 比那些持乐观态度的人要早得多，所以在我看来，所有东西都是注定要被毁掉的。国际关系和人们的行事方式没有什么改进，所以和其他事情一样，人们对原子弹的使用也会走上老路。因此我坚信人们很快就会再次动用原子弹。所以我很不安，我觉得，应该是我坚信这点，现在看来是有些杞人忧天。那段时间，我看到人们造一座桥，我就会说："这些人不了解时局啊！"我确实觉得，建造任何东西都是没有意义的，因为它们很快就会被摧毁，可是他们就是不明白这个。看到任何一个建筑工程，我都会有这种古怪的想法。我总是会想：这些人多傻啊，费这个劲去建造这些东西！当时我确实处于抑郁状态。

我没有义务去成全别人对我的期望

[战后费曼去了康奈尔大学与汉斯·贝特[1]共事。他谢绝了普林斯顿高等研究院提供的一份工作。]他们肯定认为，给我这么一份工作我一定会干得很出色。可是我并不想成为他们希望的样子，同时我也有了一个新的做事原则，那就是我没有义务去成全别人对我的期望。这样一来，我就会轻松一些。我对自己说，你过去没有干成惊天动地的事情，以后也不会做成什么大事。但是我向来喜欢物理和数学，因为我都是带着兴趣去研究它们，很快我就做出一些研究成果，而这些研究后来帮我获得了诺贝尔奖。[2]

诺贝尔奖——够格吗？

[费曼因其在量子力学的成就获得诺贝尔奖]我做的工作——另外还有两个人在做同样的努力，日本的朝永（振一郎）和（朱利

---

(1) 汉斯·贝特（Hans Bethe, 1906—2005），美国犹太人物理学家，因其对核反应理论的贡献，尤其是发现了恒星的能量来源，获得1967年诺贝尔物理学奖。——译注
(2) 1965年，费曼与朱利安·施温格、朝永振一郎共同获得诺贝尔物理学奖，获奖原因是他们对量子力学的巨大贡献，以及对基本粒子物理学产生的深远影响。——编注

安·）施温格——就是找出办法去控制、分析和探讨1928年创立的电磁量子理论；如何去破解它、避免其局限性；如何计算出正确的结果并能被到目前为止的所有实验印证，也就是量子力学理论适用于实验的每一个细节——不包括核试验。1947年我做的就是这个事情，因为这个，我得了诺贝尔奖。

［BBC记者问：这项工作够资格得诺贝尔奖吗？］事实上（笑）我对诺贝尔奖一无所知，我不知道设立它的目的和它的评奖标准。如果瑞典皇家科学院的人们决定了某某人获诺贝尔奖，那就是合乎他们的标准了。我不会为了获这个奖而刻意去做什么……这很痛苦……（笑）。我不喜欢这些荣誉，可我感谢这个奖承认了我的工作，我也感谢那些赞赏我的工作的人。我也知道有很多物理学家在使用我的成果，我真的很知足了，我觉得没有比这更有意义的事情了。瑞典皇家科学院的某位专家认为我这项工作够资格拿诺贝尔奖，我并不觉得这有什么了不起的——我已经获得了奖赏，奖赏就是发现的乐趣以及看到人们运用我的研究成果，这都是真真切切的奖赏，而荣誉对我没有意义。我不追求荣誉，荣誉是个烦人的东西，在我心目中，荣誉就是肩章，荣誉就是人们穿的制服。从小我爸爸就是这么教我的。荣誉这东西，我无福消受，它只会伤害我。

念中学的时候，我获得的一个荣誉是成为"阿里斯塔"的一个成员，那是成绩好的学生的一个组织——呃——几乎每个学生都想成为其中一员。我进入这个学生社团后，发现他们开会就是坐下讨论还有哪个学生够资格加入我们这个光荣的社团。仅此而已。那我就和他们一起坐下讨论接下来谁能被批准加入。这种事情让我感到很不自在，我自己也不知道为什么。所谓荣誉，从那天起到现在，它都让我很困扰。后来我成了国家科学院院士，最终还是退出了，因为这又是一个类似的组织——绝大多数时间其成员都在挑选谁有足够的名望能加入进来。还有这些讨论，比如：我们搞物理的是否应该团结起来，因为搞化学的那帮人要弄进来一个很棒的化学家，而我们没有那么多空位子，等等问题。我们研究物理，这跟化学家有什么关系？整个事情都变味了，因为这个机构存在的目的绝大部分是为了决定还有谁能拥有这份荣誉，不是吗？我不喜欢荣誉。

探究世界的游戏规则

[从 1950 年到 1988 年，费曼在加州理工学院任理论物理教授。]我们为了理解自然规律所做的事情，有一个好玩的类比，那就是上帝在玩一个巨型游戏。比如说下象棋吧，你不知道这个游戏的规则，但是可以在一旁看棋局，至少是时不时可以看一眼，或许就躲在一个小角落里。你努力从中看出这个游戏的规则，以及棋子的走法。你可能会看出点门道，比如，当棋盘上只有一个象，那么它将永远走在一种颜色的格子上。再后来，你会看出象沿对角线走的规律，这将有助于你理解前面发现的那条规则——象只留在同一种颜色的格子上。这就好比我们理解一个原理的过程，你发现了一条规律，然后又发现了对这个规律的更深层次的理解。如此这般，看似每件事情都在向好的方向发展，你已发现了全部的规则……然而，突然在棋盘的某个角落发生了一些之前你没有见过的奇怪的现象，那你就开始调查原因——原来是王车易位。顺便提一下，在基础物理研究中，我们总是试图去研究那些我们不理解其结论的事物，然后努力去查找原因。在彻底研究之后，我们心里才会释然。

那些不合常理、出乎你意料的事情才是最有意思的。同样地，通过这些不合常理的现象，我们也掀起了物理学革命。就像下象棋，你注意到象停在相同的颜色格子里，沿着对角线走子等，所有这些规则，大家都知道它们是正确的，长期以来也都习以为常。突然有一天你发现有些棋局里象的走法变了，不再只停在一种颜色的格子里。之后你才发现了另一种可能性，在象被吃掉后，卒一路走到对方底线后，那它就成了新的象，这种情况下象就要变色。这种情况是可能发生的，不过之前你并不知道。这跟我们探索自然法则一样，科学家们都认定了一些定律，他们研究研究着，突然发现一些不合常理的现象颠覆了他们的看法，然后我们就得去研究象这个棋子在什么情况下会变色，然后再逐渐掌握这条能解释新现象的新规则。可是，物理研究跟下棋不同：下棋的时候，你会发现规则越变越复杂；而搞物理研究的时候，新发现的规律会越发简洁。从总体上看，它可能变得更复杂，因为我们发现了更多的现象，比如说新的粒子和新物质，因此这些规则再次变得复杂起来。但是，如果你总能意识到这是件有意义的事情，也就是说，我们的认识范围不断扩大，每一次我们都有新的收获，最终把这些认识统一起来，那么我们得到的理论比以往任何一次都要更简洁。

如果你有兴趣探究物理世界乃至整个世界的本质，在我们这个时代，我们唯一的工具就是数学推理。一个不懂数学的人，他就不能理解——至少不能完全理解——世界上这些特殊的现象、这些自然法则最本质的东西以及事物间的联系。除了数学，我不知道还有什么其他办法可以做到这一点——去准确地描述这个世界，或是去弄清楚世间万物的互相联系。所以，我认为一个没有数学素养的人是无法完全理解这个世界的——请不要误解我的意思，世界上有很多东西是用不到数学的。比如说爱情，它让人愉悦，能给人带来神奇的体验，人们对爱情心驰神往，却又觉得它捉摸不定。我不是说物理学是这个世界的唯一，可是要说到物理学，要从物理学的角度去理解这个世界，那么不懂数学就是一个很大的障碍。

剖析原子

我目前所做的研究工作，属于物理学的一个特殊领域，之前我们讨论过，接下来，我来详细说说我的工作。你们都知道，世间万物都是由原子构成的，我们的研究早就证明了这一点，大多数人也知道这个常识，还有，原子里面有个原子核，电子围着它运动。原子核外电子的运动，我们现在已经完全弄清楚了，至于它的运动规则，用我所说的量子电动力学来解释就很好理解。这个问题解决之后，接下来的问题是：原子核如何运动？核内粒子如何相互作用？它们如何结合在一起？研究这些问题得到的一个副产品，就是发现了核裂变，并利用它制造原子弹。但是，研究把核粒子结合在一起的力，需要很长时间。起初，人们认为这是内部粒子的某种置换。汤川秀树 [1] 发现了这些粒子，把它们叫作介子。他推测，如果用质子 —— 质子是原子核里的一种粒子 —— 撞击原子核，介子就会被撞击出来。事实确实如此。

除了能撞击出介子，我们还能撞击出其他粒子，我们差不多把能用的名字都用完了 —— 像 k 中介子、Σ 粒子、Λ 粒子等等，现在它们都被称作强子了 —— 随着我们加大撞击的力度，我们找到越来越多不同的粒子，有几百种不同的粒子。接下来的问题 —— 当然，这个时期是指二十世纪四五十年代，一直到现在 —— 就是：找出它们的结构模式。这些粒子看起来像是有许许多多有趣的联系和

---

(1) 汤川秀树（1907—1981），日本物理学家，1949 年以介子学说获诺贝尔物理学奖，是日本获诺贝尔奖第一人。——译注

构成模式，直到人们发现了一个理论来解释所有这些模式：所有这些粒子都是由一种叫夸克的粒子构成的——比如，3个夸克就形成1个质子，质子是构成原子核的一种粒子，它和中子一起构成原子核。夸克有许多种——事实上，只需3种夸克就能解释清楚所有这几百种粒子——u-型夸克、d-型夸克和s-型夸克。2个u夸克和1个d夸克构成1个质子，2个d夸克和1个u夸克构成1个中子。如果它们在原子核内部的运动方式发生变化，那就会变成其他种类的粒子。现在的问题是：夸克究竟是怎样运动的？是什么力量把它们吸引在一起的？人们想到一个非常简单的理论，与量子电动力学的理论非常相似——不完全相同，但十分相似——在这个理论中，夸克就像电子，而一种叫胶子的粒子就像穿梭在电子之间的光子，它使"电子"与"电子"之间产生电引力。它们的数学表达式很相似，不过有细微的差别。这些差别是依据极美、极简单的原理推测得来的。虽说这些方程式本身也是基于我们的推测，但是这个原理绝不是我们妄加猜测的，它的存在是十分确定的。不管存在多少种不同的夸克——这个数字是不确定的，而它们之间作用力的性质是确定的。

　　按电动力学的理论，两个电子可以被任意分开很远，当分开足够远时，它们之间的作用力就减弱了。而夸克不同。假设电动力学的理论也适用于夸克，那么你用足够大的力量撞击两个物体时，就会撞击出夸克来。但是与之相反，如果你做这么一个实验，期待以高能撞击出夸克来，结果却发现出来一股粒子流——也就是说，所有的粒子都朝着一个方向运动，就像之前的强子一样，根本没有出现夸克。如果要用电动力学的理论来解释，我们只能这么解释：撞击后可能出现了新的夸克，并且它们聚在一起形成了强子。

　　问题是，为什么电动力学理论内部如此不一致？这些方程式里的细微差别，怎么会造成这么大的差别呢——可以说是完全不同的结果？实际上，对大多数人来说，这是很奇怪的事情：刚开始你可能认为是理论出错了；但越深入研究，你就会发现问题可能就出在这些细微的差别上。现在，我们正处在物理学发展的一个特殊的关键时期。我们已经有了一套关于强子的完整的、确定的理论，我们也做了大量的实验，掌握了丰富的细节，那么我们为什么不能立即检验一下这套理论，看看它到底对不对？因为我们必须要做的事情是计算出这套理论的结果。如果这套理论正确的话，应当发生什么情况，而且事实是否如此？这时我们的困难在第一步。如果理论正确的话，很难计算出将会出现的结果。在目前，推算出这个结果所需的数学手段，我们确实很难去掌握。至少在现在是这样，不是吗？所以很显然，目前我的任务是找出一个方法，从这套理论中找出数学工具，再来检验这套理论，不仅仅是定性，更是真正仔细地检验它能否给出正确的结果。

我花了几年时间研究数学工具，希望它能帮助我解决理论问题，可惜没有成功。然后我发现，要做到这一点，首先我必须弄清楚答案可能是什么样的。这很难解释明白，总之，在我得到一个好的定量工具之前，我首先要有个定性的观念。换句话说，至今人们还不知道（粒子）如何运转的，所以最近一两年我的工作就是努力弄明白它"大致"的运转规律，还没有进入定量研究的阶段。希望将来这种大致的理解能够演变成一个确切的数学工具或运算法则，来帮助完善粒子理论。你看，我们现在的境况很滑稽：我们不是在探索理论，我们已经有理论了，而且是一个很好的理论，我们正处在用实验来验证理论的阶段，利用实验结果检验理论。我们现在的困境是如何得到实验结果，这也是我的目标。我的愿望就是看看我能不能找到一个方法验证这个理论的正确性（笑）。这是一个很尴尬的境况：你有一套理论，却没法去验证它……我不能忍受这个，我必须解决这个问题。总有一天我会做到的。

我只想做我的物理

研究真正高深的物理问题，你绝对需要大量的时间，这样你才能把模糊的想法拼成完整的理论，那些想法通常转瞬即逝。这很像搭纸牌房子，每张牌都在晃动，你要是忘了放好其中任何一张牌，整个纸牌屋子就倒塌了。你不知道怎么就出问题了，可是又不得不重新来过；或者你被什么事情中途打断，忘了最初是怎么搭起这些纸牌的——你的纸牌就像你脑子里不同的想法，这些想法合在一起构成一个理论——关键问题是，你用"想法"纸牌搭建城堡，可是这个纸牌城堡很容易倒塌，那就需要集中注意力去做这个事情，也就是说，你需要足够多的时间去思考问题。如果你担任行政职务，就没有那么多时间来做研究工作了。所以我就为自己造了舆论：费曼这个人没有责任心。我告诉每个人我很懒。如果有人请我去一个委员会负责招生什么的，我就说："我可不行，我一点儿也不关心那些学生。"——当然，我很关心学生。我知道我不干，总有别人会干的，所以我总是说"让乔治干这个吧"，当然这样做不好，人家也不希望你这么做。可是我喜欢物理，想看看自己还能不能接着干下去。所以我很自私，是吧？我只想做我的物理。

最好的教育理念就是没有教育理念

面对一班的学生，你问我怎么教他们最好？我是教他们科学史呢，还是教他们应用物理？我的看法是，最好的教育理念就是没有教育理念，用任何可能的方法去教，不拘一格，好的教学也许场面有点混乱，不过这是我能给出的唯一答案。在教学过程中，你要用不同的办法抓住不同学生的注意力。比如，一个学生对科学史感兴趣，却对数学很头疼；另一个学生刚好相反——喜欢数学却讨厌科学史。如果你想让所有的学生从头到尾都满意，那你最好还是别干了。我真的不知道怎么教书。我不知道怎么回答这个问题，不同的人有不同的兴趣——什么东西会吸引他们，他们对什么感兴趣，怎样引导他们产生兴趣，等等。还有一种强制的方法，那就是你必须通过这门课、你必须参加这个考试。这方法很有效，很多人就是这么受教育的，也许还有更有效的办法。但是，很抱歉，教了这么多年书，尝试了各种不同的教学方法，我还没有真正弄清楚该怎样教好书。

针对不同孩子的教育方式也不相同

小时候，父亲教给我许多东西，激发了我探索这个世界的兴趣。自然而然地，我做父亲后，我也想跟儿子说说世界上有趣的事情。他很小的时候，我们要哄他睡觉，你们懂的，要给他讲故事。我就编了小人儿的故事。这些小人儿有这么高（做手势），他们到处走动，也会出去野餐，他们住在通风机里，他们穿过树林，那里有高大的蓝色树木，那些树没有叶子，只有一个主干，小人儿要在树木之中穿行，诸如此类的解释。我儿子渐渐理解了我说的是小毯子，（家里）蓝色的毯子，没有叶子的树木就是上面蓝色的绒毛……他喜欢这种游戏，因为我会从一个奇特的角度描述这些东西。他喜欢听这些故事，我还编了很多奇妙的历险记——小人儿甚至去过一个潮湿的洞穴，那里风不断地进进出出，进去的是冷风，出来的是热风。其实我讲的是狗的鼻子，我会用这种方式给儿子讲生理学知识。他既然喜欢这些，我就给他讲更多。我也乐在其中，因为我喜欢讲这些，儿子也会去猜我讲的是什么东西，我们乐此不疲。后来我又有了个女儿，我还是这样教她。可我女儿就不买账了，她不愿意听这些故事，她想听书上那些故事，可以一遍遍重复读给她听的故事。她喜欢听我读故事，不喜欢我编故事，她和我儿子不同。所以，如果我说，教孩子科学知识的一个好办法是编个小人儿的故事，可是这在我女儿身上完全行不通 —— 它只是恰巧对我儿子的脾气罢了。

社会科学算不上科学

正因为科学取得了巨大成功，我想啊，就有了伪科学。社会科学就是这样一个例子，它算不上科学。那些人做研究并不科学，徒有形式。比如，他们收集数据，做这种那种分析，但他们得不出任何定律，没能真正发现什么。他们没有取得什么成就 —— 也许有一天他们会，但目前来看还没有什么特别的进展。可是现在的情况是，所谓的"科学"正受到大众追捧。几乎每个问题我们都有专家，听起来好像很权威。其实他们算不上专家，他们只是坐在打字机前鼓捣出一些东西，比如，他们会说有机食品更有益健康，比用化肥的、非有机食品好 —— 这种说法也许有道理，不过至今还没有任何办法来证明。伪科学家们就会坐在打字机前搞出这些东西，好像这就是科学，而他们自己也就成了食品专家、有机食品专家，等等。于是，到处是各种荒诞的说法，各种伪科学大行其道。

也许我错了，也许他们确实懂得那些东西，但我觉得我没错。

你知道，我在这方面有经验和优势，我知道真正弄懂一个东西是件很困难的事。你要一丝不苟检查你做的实验，整个实验过程多么容易出错啊，这很容易蒙蔽你的眼睛。我知道弄懂一个东西意味着什么，所以当我了解到他们获取信息的方法，我无法相信他们真的"弄懂"了——他们没有做必要的工作，也没有做必要的检验，他们做研究也不够谨慎。我很怀疑，他们根本不懂，他们只是在吓唬民众。（也许）我不太了解这个世界，但是我确实是这么想的。

质疑和提出问题是我灵魂里最本能的一部分

如果你希望科学能解答所有问题，比如"我们是谁？""我们要去哪里？"和"宇宙的意义是什么？"等等，那么我觉得，你很容易就会失望并转而向宗教等神秘主义寻求答案。科学家怎么能接受神秘主义的回答呢？我也不知道，因为关键是要了解这个世界——好吧，不说这个。不管怎样，我不懂这些。不过，你想一下，我认为我们所做的就是探索这个世界，我们努力尽可能多地了解这个世界。人们问我："你在寻找物理学的终极法则吗？"不，不是的，我只是想更多地了解这个世界，如果有那么一条简单的、终极的法则，它可以解释所有的东西，如果它真的存在的话，能发现它真是再好不过了。

打个比方，如果这个法则藏在一个被无数层外皮包裹的洋葱里，光看洋葱皮就让我们头疼了，可我们只能一边流泪一边剥洋葱皮去寻找这个法则。不管这个法则以什么方式出现，它总是在那里。因此当我们去探寻它时，我们不能事先设定它会是什么样的，我们能做的只是增加对它的了解。如果你说这么做的目的是要找到一些深刻的哲学问题的答案，那你就错了。发现了这个世界更多的本质属性，也许不能帮助你回答那个特定的问题，但是，我做研究不是出于这个目的。我对科学有兴趣只是因为我想了解这个世界，我发现越多，探索世界这件事情就越美妙。

很显然，我们人能比动物做更多的事情，可是类似这样的说法存在很多疑问，可是这些正是我要研究的问题，我不知道答案是什么。可我就是不相信人类的这些说法。总的来看，人类对于自己和世界万物的关系的看法过于简单、过于主观，太有局限性。我提醒你，假如上帝的一个化身降临地球，他会觉得这种说法不对头。不管怎么说，在这个问题上争论没有用。我也不是固执己见，我只是想告诉你们，科学看待问题这个习惯影响了我的信仰。还有一点就是，所有的宗教对同一件事各有不同的理论，哪一种说法是正确的呢？你就会开始困惑。一旦你开始怀疑 —— 而你应该怀疑一切 —— 你来问我科学是否可信？我们也不知道什么、哪些是真的，我们要做的是努力找出真相，什么事情都可能是错的。

"什么事情都可能是错的"，你要从这一点开始去理解宗教。好，一旦你这么想，你就开始滑向另一种思考问题的模式，很难回到从前了。从科学的观点来看，或是按我父亲的观点，我们应当弄清楚什么是对的、什么可能是对的，以及什么可能是错的。一旦你开始怀疑 —— 我想，质疑和提出问题是我灵魂里最本能的一部分 —— 当你怀疑并去追问时，你就不会那么轻易去相信任何东西了。

你看，我会存疑，可以忍受这些不确定性，也接受自己很无知。我觉得，不知道答案，这要比得到一个错误的答案有意思得多。对不同的事情，我或是有近乎正确的答案，或是可能相信它，对它们的确信程度不同，但我对任何事都没有绝对的确信，还有好多事情我是一无所知的。诸如"我们为何存在"这样的问题是否有意义，还有这个问题究竟意味着什么，等等。我偶尔也会想想这些问题，但是如果我得不出答案，那我就转身去做别的事，我不用非要知道答案不可。不懂一些东西，漫无目的迷失在神秘的宇宙中，这些没有让我感到恐慌。这是很自然的状态，我能说的就这些——我一点儿也不害怕。

第二章

未来的计算机

　　长崎原子弹爆炸整整 40 年后，全程参与了曼哈顿计划的费曼先生在日本做了一次演讲，不过演讲的主题与战争无关——时至今日，这个问题仍然让最聪明的那些人颇费脑筋，那就是计算机的未来，其中包括计算机可能的最小尺寸这一问题——这个问题使费曼看起来像个计算机领域的预言家。本章内容对某些读者而言可能会有难度，但是它在费曼的计算机理论中占据如此重要的地位，所以我希望读者们能花点时间读读，即使不得不跳过那些技术相关的部分。本章结尾部分简要探讨了一下费曼钟爱的一个技术问题——它开启了目前的纳米技术革命。

能在纪念仁科芳雄[1]教授的大会上发表演讲，我感到很高兴，也很荣幸。他是我很敬重和仰慕的一位科学家。到日本来谈计算机，真是有点班门弄斧了。不过最近我都在思考计算机的问题，所以，收到演讲邀请时，我能想到的只有计算机。

我首先声明，今天不打算谈论的内容有哪些。今天演讲的主题是计算机的未来发展趋势，但是未来计算机可能的发展趋势中最重要的那些内容，正是我今天不打算讲的。比如，现在人们投入大量精力去研发更智能的计算机，这种机器的人机交互性能更好，所以这种计算机在输入和输出方面要省事得多，不像现在我们必须编写复杂的程序。人们通常把这称为"人工智能"，但是我不喜欢这个名字。也许非智能计算机比智能计算机工作效率更高。

还有就是编程语言的标准化问题。现在的计算机语言种类太多了，从中选择一种作为标准也许是个好主意。（在日本提出这个问题，我有点犹豫，也许这样做的后果是：又出来一种计算机语言！你们现在已经有四种计算机编程语言了，如果我在这里妄谈什么标准化的问题，很明显，只会导致标准越来越多，而不是变少！）

另外一个有意思的问题，是自动修复程序。这个问题值得研究，但是我今天不谈这个。修复的意思，是纠正一个程序或机器里的错

---

(1) 仁科芳雄（Yoshio Nishina，1890—1951），主要从事原子核物理学理论及实验研究，以及对宇宙射线的研究，是日本原子物理学的开拓者，他培养出了以汤川秀树、朝永振一郎为首的多名世界知名的理论物理学家。——译注

误，但是当程序和机器变得越来越复杂的时候，修复也就变得异常困难。

另一个发展方向，是制造立体芯片取代平面芯片。这要逐步实现，不可能一步到位。你可以先铺设几层，然后再逐渐增加层数。另一个重要的装置，它可以自动探测芯片上有缺陷的地方，有了它，芯片就能够避开有问题的地方重新连接。现在我们在做大型芯片时，芯片上经常会出现裂缝或损坏的区域，我们只好忍痛把整个芯片扔掉。如果我们能造出这种自动探测装置，那么我们就可以利用芯片上完好无损的区域，这样效率就高多了。我之所以提到这些，是想告诉你们，我很清楚未来计算机发展面临的真正难题。但是，我今天要谈的问题比较简单，就是一些小的技术性问题，按照物理学规律基本能够做到的一些事情。换句话说，我想要讨论的是机器本身，而不是如何使用机器。

我想探讨计算机制造技术方面的一些可能性。我要谈三个问题：一个是并行处理计算机，目前正在研发过程中，不久的将来，或许马上就要面世。第二个问题是计算机的能量消耗问题。这个问题现在看来有瓶颈，解决不了，但事实并非如此。最后，我想谈谈计算机的大小问题。计算机当然越小越好，问题是：在自然规律作用下，我们能制造出来的计算机理论上还能小到什么程度？我不打算探讨哪种技术在未来可能成为现实，这要取决于经济和社会发展的程度，我不想做这种预测。

并行计算机

第一个问题是并行计算机。目前，几乎所有的计算机，传统的计算机，其工作的原理都是冯·诺依曼体系[1]：机器里面有一个很大的存储器，用来储存所有的信息，还有一个中央区域，执行简单的计算。我们从存储器的这个地方提取一个数据，又从存储器的另一个地方提取一个数据，把这两个数据送到中央算术单元进行相加，然后把计算结果传送到存储器的另一个地方。这样来看，计算机有一个高效运转的中央处理器，工作十分卖力，速度也很快。相比之下，整个存储器从头到尾待在一旁，很清闲，就像是一个卡片档案柜，除了偶尔翻找几张卡片，档案柜大多数时间都闲置着。显然，如果有更多的处理器同时工作的话，我们的计算速度就能更快一些。问题是当你使用这个处理器时，可能要用到存储器的某个信息，而同时另一个处理器也需要这个信息，机器就会陷入一片混乱中。出于这些原因，大家普遍认为让很多处理器同时工作是个难题。

人们在这个问题上进行了一些探索，并给大型的传统计算机装上了"向量处理器"。这样一来，当你需要很多不同的部件同时做某一项计算，也许你就可以同时处理它们。人们希望，正常程序能够写成普通的格式，然后一个解释程序可以自动发现使用这种向量功能的合适时机。美国的超级计算机 Cray 和日本的超级计算机都采用了这种方法。另一种方法是把大量相对简单（但也不是很简单）的计算机用某种形式连起来，这样它们就可以分开对付一个问题的一小部分。事实上，每一台计算机都是独立工作的，但是在需要的时候它们之间可以互相传递信息。这种方案应用在了加州理工学院的"宇宙魔方"这台计算机上——举个例子，这个尝试只是很多可

---

(1) 冯·诺依曼（John von Neumann，1903—1957），匈牙利裔美国数学家，被尊为计算机之父。冯诺依曼体系是现代计算机的通用架构。主要特点是：（1）数据和指令不加区分，都用二进制表示；（2）指令一条一条地顺序执行；（3）由运算器、控制器、存储器、输入和输出设备五部分组成。——译注

能的方案中的一种。现在，很多人在制造这样的机器。还有一种方法是把大量非常简单的中央处理器分布在整个存储器上，每个中央处理器只与存储器的一小部分打交道，它们之间有一套精巧的连接系统。麻省理工学院研制的线路连接计算机，就是这样一种机器。它有64000个处理器和一个路由系统，其中每16个处理器为一组，每组之间可以相互传递信息，因此总共有4000种可能的路由连接方式。

这样看来，有些科学问题，比如波在某些介质中的传播问题，用并行处理的方法，可能很容易就解决了。这是因为，任何一个特定空间在任何一个时刻的状态，都是可以计算出来的——只要知道相邻空间的压力和应力就可以了。每个空间的压力和应力可以同时计算出来，而这些数值又可以帮助计算出其他所有空间的压力和应力，这就是并行处理设计方案可以解决这类问题的原因。事实已经证明，大量的、各种类型的问题是可以被并行处理的。当一个问题足够大，需要进行大量的计算时，并行运算能够极大地加快解决问题的速度，这个原理不仅仅适用于科学问题。

两年前认为并行程序设计很困难的那种偏见，现在人们看法有变化了吗？事实证明，当时大家认为并行程序设计很困难，甚至几乎是不可能的，是出于这样一种解决思路：选用一个普通程序，然后在这个普通程序的基础上想办法实现高效的并行计算。实际上，在这个问题上，我们必须从头来过：我们要认识到并行运算是有可能的，我们必须对计算机的内部结构有个新的理解，并在此基础上重新编写整个程序。想要高效使用旧的程序，这是不可能的——程序必须重新编写。对于大多数工业应用程序来说，这是一个很不利的因素，目前已经遭遇了相当大的阻力。但是，通常大型程序的开发者是科学家或其他非官方的、才华横溢的程序员，他们热爱计算机科学，如果能提高计算机的工作效率，他们愿意从头开始编写程序。所以，将来的情况可能是这样：首先，这些程序专家用新路子重新编写难度很高、超大型的程序；渐渐地，大家不得不都跟上来，然后越来越多的程序都会用这套新方法来编写；最后，广大程序员也不得不学习如何编写这样的程序了。

减少能量损耗

我想说的第二个问题，是计算机的能量损耗问题。限制巨型计算机发展的一个明显的瓶颈就是它们需要冷却 —— 大量的精力都花在了冷却装置上。我想说明一下，问题就在于工程技术跟不上，但这绝对不是什么大问题。在计算机内部，很小量的一部分信息由一根电线控制 —— 这根电线的电压不是 A 值就是 B 值，这叫作"一比特"。我们必须把这根电线的电压从 A 变到 B 值，也就是说要充电或者放电。我拿水来打个比方：这就好比我们要往一个容器里注水，使水面升到一个位置（相当于充电）；或者把水放掉，使水面

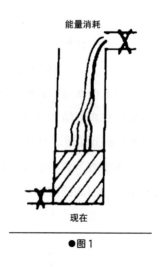

●图1

降到另一个位置（相当于放电）。这仅仅是一个类比——如果你更喜欢电学，你可以从电学的角度做更精准的思考。我们现在只是拿水打个比方，为了把容器装满水，我们就把水从高处倒进容器（图1），为了降低水位，我们还可以把容器底部的阀门打开，让水全部流出来。由于水位的突然降低，注水和放水这两个过程中都有能量损耗：在放水时，水从容器顶端的高水位突然降到底部的低水位；同样的道理，你把水倒进去重新把容器装满时也有能量损失。对于电压和电荷来说，情况也是一样的。

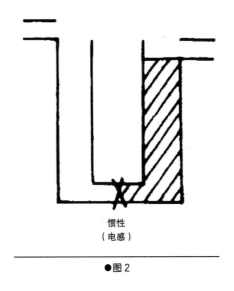

惯性
（电感）

●图2

正如班尼特（Bennett）先生解释的那样，这就像开汽车，开动汽车时，你要打火发动引擎，停车时你要踩刹车。每次发动引擎和踩刹车，都会损耗能量。对于汽车来说，现在已经有一种解决能量损耗的办法了，就是把车轮和飞轮连接起来。汽车停下来时，飞轮还在飞转，这样就可以储存能量，之后它还可以和车轮重新连上，让汽车再次开动。在水位调节问题上，我们也可以用一个 U 形管，在管道底部中间的位置放上一个阀门来连接 U 形管的两臂（图 2）。一开始，阀门关闭，我们在 U 形管的右臂装满水，让左臂空着。现在，如果我们打开阀门，水就会流向 U 形管左臂，然后我们把握好时机关上阀门，那样全部的水就会留在U 形管左臂里。现在，如果我们想让水再流到 U 形管右臂，我们就可以再次打开阀门，于是，水就流了回去，然后我们赶紧把阀门关上。当然，这过程中会有一些能量损耗，所以水不可能再爬升到原来的高度，但是我们只需要加一点点水来补充损失的能量就可以了——与图 1 所示的直接从高处倒水的模式相比，用这种方法能量损失要少得多。这种方法利用的是水的惯性，电学中与之相应的是电感。当然，在芯片上用我们现在使用的硅晶体管制造电感，这很困难。所以就目前的技术水平而言，这个方法不是很切合实际。

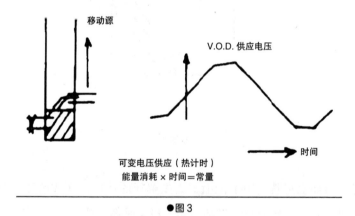

●图3

还有一种方法，是使用这样一种装置：注水口的位置仅高于水面一点点，而且随着水位的上升，这个装置也会随之上升（图 3），这样，在整个注水过程中，水的落差一直比较小。同样地，我们在距水面下方一点点的地方设置一个出水口，这样放出去的水只限于接近水平面的那一部分水，并且在放水过程中还要（随着水位的下降）不停降低出水口的位置。照这样推理，（电学上）晶体管就不会有热量损失，或者热量损失很小。实际能耗的大小取决于注水时注水装置与水面的距离。这种方法要求灵活改变电压供应，所以，如果我们有一个随时间变化的电压供应，我们就可以采用这种方法。当然，供电过程也会有能量损失，但是电压供应装置是固定在某个地方的，在那里生成一个大的电感是一件很容易的事。人们把这个方法称为"热钟"，因为供压装置是和计时钟同步工作的。另外，跟传统设计不同，它不需要时钟信号为电路计时。

如果水位变化慢的话，后面两种方案需要的能量都会少一些。如果注水太快的话，水位落差就会很大。所以，为了确保这种方案有效运行，我必须放慢注水速度。同样地，在 U 形管方案中，只有中央阀门开关的速度比 U 形管里水流左右流动的速度快一些，这个方案才有可行性。所以我必须让机器慢一些——节约了能耗，但是减慢了机器的速度。其实，能耗和电路启动所需的时间，二者相乘的结果是个常量。尽管如此，事实表明这个方案有很强的可行性，因为用时钟计时得到的时间通常要比晶体管的电路开关时间长得多，我们可以利用这一点来降低能耗。照这样计算，如果实际速度比我们的计算速度慢——比如说是计算速度的 1/3，那么需要的时间就是原先的 3 倍，而我们只需要用 1/3 的能量，所需消耗的功率是原先的 1/9。也许这是值得一试的。通过重新设计，也许我们可以使用并行计算或其他方法，花的时间比实现最快的电路速度时间稍微多一点，制造一个既实用又可以进一步减少能耗的更大的机器。

对于晶体管来说，能耗与其启动时间相乘的结果取决于以下几个因素（图 4）：

能量 × 晶体管启动时间

=kT×（长度/热速度）×（长度/平均自由程）× 电子数

能量 ~ $10^{9~11}$ kT

∴ 缩小尺寸：速度更快

　　　　　能量消耗更少

●图4

1. 与温度成比例的热能 kT；

2. 源漏之间的晶体管的长度除以其中电子的速度（热速度$\sqrt{3kT/m}$）；

3. 晶体管长度，以晶体管中电子碰撞的平均自由程为单位；

4. 运行时晶体管内部的电子总数。

把相关数值代入公式，计算结果显示，现在使用的晶体管消耗的能量区间是热能 kT 的 10 亿倍到 100 亿倍或更多。在晶体管开启或关闭时，消耗的能量更大。能量消耗确实很大。减小晶体管的尺寸是个好主意。缩短源漏之间的距离，再减少电子的数目，这样需要用到的能量就少得多了。事实证明，尺寸小一些的晶体管运转的速度快得多，因为电子可以更快地通过晶体管，从而更快地启动或关闭晶体管。无论从哪个方面讲，制造更小的晶体管都是一个很好的思路，大家一直在朝这个目标努力。

但是设想一下这种情况：平均自由程比晶体管还长。这种情况下晶体管就不能正常工作了——它不能按照我们预期的方式工作。这让我想起，多年前曾经有个所谓的声障问题。当时人们认为飞机的速度不可能超过声速，因为如果你按照正常的方法设计飞机，然后把声速代入方程，你就会发现发动机会失灵，机翼不能抬起，整架飞机都不能正常工作。然而，飞机的速度其实是可以突破声速的，问题在于：你要知道什么样的条件下遵循什么样的物理定律，你得依据相应的定律去设计飞机。你不能指望旧的设计会适用于新的环境。可是，新的设计却可能适用于新的环境，我坚信我们完全可以造出小于自由程的晶体管系统——或者，更准确地说，开关系统和计算装置。当然，我只是说"原则上"可以这样做，而不是说去生产这些元件。所以下面我们来讨论，如果我们想制造尽可能小的元件，会是什么样的情况。

缩小尺寸

我要讲的第三个问题就是计算元件的尺寸，而且我是在纯理论层面来讲这个问题。如果一个东西非常小，你担心的第一件事就是布朗运动 [1]——所有的粒子都在震颤，没有一个粒子会停留在同一个地方。那样的话，你怎么控制电路呢？再进一步说，就算是这个电路能正常运行了，会不会中间出意外，粒子自己又跳了回去？在我们用 2 伏电压为这个电路提供能量——这是我们通常的用量（图 5）——这个能量相当于室温下热能的 80 倍（$1kT=1/40$ 伏特），在这种条件下，粒子跳回去的概率是 e^{-80}（e 是自然对数的底数）或 10^{-43}。这是什么意思呢？这意味着，如果一个计算机内有 10 亿个晶体管（我们现在还没有这样的计算机），一秒钟内它们的开关转换的总次数为 10^{10} 次（一次开关转换的时间是百亿分之一秒）。如果它们定时开关，运行 10^9 秒——那相当于 30 年——那么这个计算机的（晶体管）开关转换的总次数为 10^{28} 次。而每个晶体管跳去的概率只有 10^{-43}，也就是说 30 年内都不会出现由热震

––––––––––

(1) 布朗运动：由于分子不断随机撞击造成的粒子的无规则运动。1828 年，该名称首次在植物学家罗伯特·布朗的文章中出现。1905 年，阿尔伯特·爱因斯坦在《物理学年鉴》撰文中对布朗运动的原理做了解释。——编注

荡造成的任何错误。如果你还不满意，我们可以用 2.5 伏的电压供电，这样出错的可能性就更小了。然而，我们也不能排除这种可能性，30 年的期限还远远未到，而宇宙射线有可能意外穿过晶体管，导致它发生故障，所以在这方面我们就不用再考虑得太周详了。

布朗运动

2 伏特 $= 80kT$

出错概率 $e^{-80} = 10^{-43}$

10^9 个晶体管

10^{10} 次变化 / 秒

10^9 秒（30 年）

——

10^{28}

●图 5

然而现实中，这种可能性要大得多，我想给你们推荐最近一期《科学美国人》里的一篇文章，那是班尼特和兰道尔合写的《计算的基本物理限制》。我们可以造这样一台计算机，它里面的每一个元件、每一个晶体管可以往前走，然后又意外地逆转，但计算机仍然可以正常运转。计算机的每个操作都可以往前走或往后走，计算的进程往前推进一段时间，然后又往回走取消自己的计算结果 —— 那是"解算"，然后又往前走，周而复始。如果我们能把计算进程往前推一点点，使它往前走的可能性比往后走的可能性稍微大一点点，我们就可以让计算机挺过去，完成整个计算过程。

人们都知道，我们可以完成所有可能的计算，做法是：把一些简单的元件都放在一起 —— 比如晶体管，或者逻辑上更抽象一点的说法，一种叫"NAND 门"（与非门）的东西（NAND 是"NOT-AND"的组合词）。一个 NAND 门有两条输入"线"和一条输出"线"（图 6）。

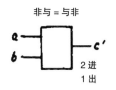

非与 ＝ 与非

2 进
1 出

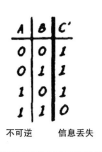

A	B	C'
0	0	1
0	1	1
1	0	1
1	1	0

不可逆　　信息丢失

●图6

　　我们先把"NOT"放一边——什么是 AND 门呢？ AND 门
（与门）是这样一种装置：只有当两个输入值都是 1 时，它的输出值
才是 1，其他情况下它的输出值都是 0。NOT-AND 门正好相反，
只要两个输入值不同时为 1，输出值都是 1（也就是电压值为 1），
如果两个输入值同时为 1，那么输出值为 0（也就是电压值为 0）。
图 6 显示的就是这样一个 NAND 门的输入和输出的关系图。A 和
B 是输入，C 是输出。如果 A 和 B 都是 1，则输出为 0，否则输出
均为 1。但是这种装置是不可逆的：信息会丢失。如果我只知道输出
结果，我无法知道具体的输入值。我们不能指望这种装置往前进一
步又蹦回来，而且还能正确计算。举个例子，如果我们知道输出结
果是 1，我们也无法判断它的输入是哪一种组合：A＝0、B＝1，还
是 A＝1、B＝0，或是 A＝0、B＝0 ？而且这个过程它回不去。这样
的装置是一个不可逆的门。不过，我们可以用一种不同的基本门比
特——也就是一个可逆门——来进行计算，这个伟大的发现是班
尼特和弗雷德金（Fredkin）各自独立完成的。我在前面已经用一

45

个被我称作"可逆的 NAND 门的比特"解释了他们的想法。它有 3 个输入和 3 个输出（图 7）。

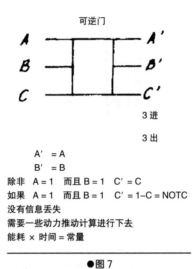

可逆门

$A' = A$
$B' = B$

除非 A = 1 而且 B = 1 C' = C
如果 A = 1 而且 B = 1 C' = 1−C = NOTC
没有信息丢失
需要一些动力推动计算进行下去
能耗 × 时间 = 常量

●图 7

输出端的 A' 和 B' 和输入端的 A 和 B 一一对应，数值相同。但是第三个输入端情况不一样：除了 A 和 B 同时都是 1 的情况之外，C' 和 C 数值保持相同；而在 A 和 B 同为 1 时，不管 C 是什么，C' 都会变化。比如，如果 C 为 1，C' 就变为 0；如果 C 为 0，C' 就变为 1——只有在 A 和 B 都是 1 时才会有这种变化。如果你把两个这样的装置连接在一起，通过输入端 A 和 B，如果 C 经过两个装置数值都不变，那么 C' =C。如果 C 发生变化，那么在经过两次变化后，C' 数值也和原先的 C 一样。所以这个装置能够进行自我逆转，信息也不会丢失。这样一来，我们只要知道输出情况，就可以了解输入的情况。

如果所有物体都往前移动，那么一个完全用这种装置制造的机器是可以进行计算的。如果前前后后移动了一阵子，但最终还是往前移动了，这台装置还是可以正常运行的。如果它往后蹦了蹦，后来又往前移动，那它仍旧没有问题。这很像气体里的一个小粒子，身边的原子接连不断地碰撞它，通常情况下这个粒子的运动是毫无目标的，但是假如你稍微拉一下它，给它一个方向，使它有机会朝某个方向运动，这样它就会慢慢向前漂移，从一端到另一端，而不会像之前那样做布朗运动。所以，只要我们提供一点动力把这些粒子拉过那道门槛，我们的计算机就能够工作了。尽管它不是很顺畅地做运算，而是这样来来回回地折腾，但它最终还是完成了运算工作。就像是气体中的粒子，如果我们轻轻地拨动它一下，我们只用了很小的一点能量，可是它要花费很长时间从一端运动到另一端。如果我们着急了，用力去拨它一下，这时我们消耗的能量也就比较多。对计算机来说也是这样。如果我们有耐心，让它慢慢运行，我们就能够让计算机几乎不消耗能耗就能运行，每一步的能耗甚至不到一个 kT；如果你有足够多的时间，能量消耗可以降到任意小。但是如果你着急了，那就必须消耗能量，那时候，你为了推动运算继续进行，因而损耗的能量乘以完成这个运算所需要的时间，其计算结果是一个常量。

先记住这些可能性，然后我们再来看看造出来的计算机可以小到什么程度以及数字必须大到什么程度。我们都知道，数字可以用二进制书写，写成一串串的"比特"，每个比特非 1 即 0。另外，一个原子可以代表 1 或 0，这样的一个原子当作一个比特，一小串原子完全可以代表一个数字。（事实上，虽然每个原子有两个以上的状态——我们需要的原子完全可以更少，不过每比特一个原子已经足够小了！）好，来做一个智力游戏，我们考虑一下，是否能够造这样一台计算机——它的书写比特是原子大小的，比如说，在原子自旋中，是否可以这么做：把向上记作 1，把向下记作 0？还有我们的"晶体管"，在不同地方它的比特也不一样，这就像原子之间的某

47

种相互作用力，它会改变原子的状态。最简单的一个例子就是：一种3个原子的相互作用模型是否能成为这样一台计算机的基本元素或门。同样地，我们还要注意，如果我们依据适用于常规物体的定律来设计这台机器的话，它是不会正常运转的。我们必须运用新的物理定律——适用于描述原子运动的量子力学定律（图8）。

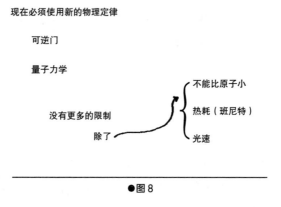

●图8

因此，我们必须接着追问：量子力学的原理是否允许数目如此少的原子的排列——其数目是能让一台计算机完成计算任务的门的数目的几倍？人们已经做过理论上的研究，而且已经发现了这样的原子组合。既然量子力学定律是可逆的，我们就必须用班尼特和弗雷德金发明的可逆逻辑门。而对量子力学的研究表明，除了班尼特先生从热力学角度所说的那些问题，量子力学对它没有其他任何限制。当然，也有一个限制——是个应用方面的限制——也就是，比特必须是1个原子的大小，1个晶体管是3个或4个原子大小。我使用的量子力学的门有3个原子。（我现在不考虑把比特缩小到原子核级别上，我要等技术发展到原子级别之后再向前进一步！）这就要求：（a）大小限制在原子级别；（b）能量需求取决于班尼特计算出来的时间；（c）我没有提到的一个特殊的特点，它与光速有关——我们不可能以快于光的速度发送信号。这些是我所知的计算机的物理学限制。

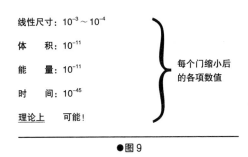

线性尺寸：$10^{-3} \sim 10^{-4}$

体　积：10^{-11}

能　量：10^{-11}

时　间：10^{-45}

理论上　可能！

} 每个门缩小后的各项数值

●图9

如果我们设法造一台原子级别的计算机，这将意味着它的尺寸（图9），也就是线性尺寸，比我们现有的极小的芯片还要小1000到10000倍。而这意味着那种计算机的体积只有现在计算机体积的千亿分之一，也就是10^{-11}，因为那种计算机的"晶体管"的体积是我们现在造出来的晶体管的体积的10^{-11}，而且那种"晶体管"开关一次所需的能量，也就是今天的晶体管开关一次所需的能量的10^{-11}，还有，前者每步运算所需的转换时间至少要快10 000倍。所以说计算机有很大的发展空间，我把这个奋斗目标留给你们——做计算机硬件研究的人们。我没想惠泽先生翻译我的讲话需要这么长的时间，我要讲的都已经讲完了。谢谢大家！如果你们有什么问题要问，我很乐意回答。

问答环节

问：您提到一个比特的信息可以存储在一个原子里，我想知道的是，您能否把等量的信息存储在一个夸克里？

答：是。但是我们控制不了夸克，所以这个想法确实不可行。你也许认为我刚才讲的那些也不切实际，但是我不这么认为。在我谈到原子时，我相信有一天我们有能力处理和控制单个原子。而夸克的相互作用涉及很高的能量，再加上放射性等原因，所以处理它们是很危险的。但是，我现在说的原子能对我们来说是很熟悉的，我们在化学能和电能里面都接触过它，我认为，原子能的数量级都在现实范围之内，尽管在目前看来还有点怪异。

问：您说计算的元件越小越好。但是我觉得设备必须大一些，因为……

答：你的意思是你的手指太大了，按不了那么小的按钮？是这个意思吗？

问：是的。

答：当然，你是对的。我现在说的是放置在机器人或其他装置内部的计算机。我没有谈到输入和输出的问题，输入的方式或者是看图片、听声音，或者是按按钮。我是在理论的层面上探讨计算过程是怎么完成的，而不是讨论输出应该是哪种形式的。毫无疑问，大多数情况下，输入和输出不能急剧缩小，超出人的操控范围。现在有些计算机上的按钮，对于我们的手指来说已经太难操作了。但是那些复杂的、需要花费很长很长时间的计算，它们能在非常小的机器上很快地完成，而且只消耗很少的能量。我考虑的正是这么一种机器。它们处理的是复杂运算，而不是把两个数字进行相加那种简单的应用。

问：我想知道您如何把信息从一个原子大小的元件传输到另一个原子大小的元件。如果您运用的是两个元件之间量子力学的相互作用力或自然作用力，那么这样一种装置就和"自然"本身十分接近了。比如，如果我们做一个计算机模拟，一个用来研究临界现象的蒙特卡罗（Monte Carlo）磁体模拟，那么您的原子级计算机就需要和磁体本身很接近。您怎么看待这个问题？

答：是的。我们做的东西都是"自然"的。出于某种目的，我们用某种方式安排它，我们为了这个目的进行运算。按照这个思路，如果你愿意，在磁体内部也有某种联系，那里也正在进行某些形式的运算，就像太阳系里的情况一样。但是，也许那不是我们现在想要做的运算。我们想要做的这种装置，它里面的计算程序可以随着我们想要解决的问题改变，而不是计算自身的磁体问题——那是它自己要解决的问题。除非碰巧某人给我的问题是研究行星的运动，否则我不可能把太阳系当作一台计算机看待。在那种情形下，我能做的只是观察而已。以前有一篇有趣的文章，曾经被人当作笑话。这篇"文章"展望了在遥远的未来开展空气动力学运算的一种新方法：不需要用当时那种复杂的计算机，作者发明了一种简单的装置——鼓动空气吹过机翼。（他重新发明了风洞！）

问：我最近在报纸上读到一篇文章，说大脑里神经系统的运转速度比目前的计算机慢得多，而神经系统中的单元却（比计算机的元件）小得多。您觉得您今天谈的计算机和大脑神经系统是不是有些相同？

答：大脑和计算机有一点类似，那就是它们内部有些单元显然可以在其他单元的控制下进行转换。神经冲动控制或刺激其他神经，具体方式取决于是否有超过一个的刺激进入大脑——有点像 AND 或这一类的东西。这样一次传输，大脑细胞需要消耗多少能量？我不知道这个数据。可是，大脑完成一次转换所需的时间，即使和今天的计算机相比，也要长得多，更不用说将来更奇妙的原子计算机。

但是大脑的内部连接系统远比计算机复杂，它的每个神经元连接着数千个神经元，而我们的一个晶体管只连接两个或三个晶体管。

有人关注活动中大脑的活跃程度，他们看到，在许多方面，大脑性能超过今天的计算机，而在其他很多方面，计算机又超过我们。这激励人们去设计能做更多事情的计算机。一般情况是，工程师对大脑如何工作有了一个认识（他自己的观点），然后他就设计一个也有这种功能的机器。这种新机器也许真的做得很好，但是我要提醒你们，它并不能告诉我们大脑到底是怎么工作的，也不意味着为了制造功能很强大的计算机，我们就必须真的要了解大脑如何工作。这就好比说，我们制造飞行器，并不一定要先知道鸟如何拍翅膀、羽毛的结构如何有利于飞行；我们要制造速度很快的汽车，也不一定非要模仿印度豹的腿的杠杆系统不可——印度豹跑得很快。因此，要设计出在很多方面超过自然力量的装置，我们也不是一定要在细节上模仿自然的行为模式。这是一个有趣的话题，我很乐意展开来谈谈。

和计算机相比，你的大脑非常脆弱。我给你一串数字：1、3、7……或者更难一些，ichi、san、shichi、san、ni、go、ni、go、ichi、hachi、ichi、ku、san、go。现在我要你重复一遍。（你做不到！）然而计算机能够记住几万个数字，并且能够一一背出来，还能把它们加起来，或者用它们做很多我们做不到的事情。另一方面，如果让我看一张人脸，只要看一眼我就能告诉你他是谁——如果我认识这个人的话，或者我会告诉你我不认识这个人。但是我们现在还不知道怎么设计这样一个计算机系统：我们给它看一张人脸的图片，它就能够把这些信息告诉我们。（它做不到这点，）尽管它已经看过很多人脸，而且我们也教过它（怎么去识别人脸）。

另外一个有趣的例子，是能下国际象棋的机器。我们能够造出这样一台机器，它几乎比在座的所有人下象棋下得都好，这真的很神奇。但是，它们是衡量比较了很多种可能性才做到这一点的。如果它走到这里，那么我可以走这儿，然后它再走到那里，人机对局就这样继续下去。每走一步，它们都会仔细考虑每一种可能的下法，然后选择最佳的落子点。计算机的程序储存了上百万种可能的走法，而一个国际象棋大师，作为一个人，他应对的方式就不一样——他辨识的是图形。在决定每一步怎么走之前，他只能比较30到40个可以落子的地方。因此，虽然围棋的规则简单，可是下围棋的计算机表现不是很好，因为每走一步都有太多的可能性、有太多的事情需要再三考虑，而机器显然不具备这种思考能力。所以，如何让计算机辨识图形以及在这种情况下应该如何应对，这些问题对于计算机工程师（他们喜欢自称计算机科学家）来说，仍然是一件非常困难的事。对于研发未来的计算机来说，这当然是一件重要的事情，也许比我说到的其他事情还重要。造一个能够把围棋下得更好的机器吧！[1]

问：我觉得，任何一种计算方法——除非它能提供一种编写程序的方法，否则不会有太大的用处。我曾经认为弗雷德金关于保守逻辑的论文很有启发性，但是当我想要用这种方法写一个简单程序时，我就傻眼了，因为设计这样一套程序要比利用它写出来的程序复杂很多。我想，我们可能很容易就进入一种无穷倒退的境地，因为设计一套特定程序的过程，会比根据它写出的程序本身复杂，而如果想要让设计过程自动化，这自动化程序将会更为复杂，特别是这种情况：这个程序是硬连线的，而不是像软件那样是可以分离的。

---

(1) 今天，这样的机器已经被发明出来。阿尔法围棋（AlphaGo）是一款围棋人工智能程序，由谷歌开发，这个程序利用"价值网络"去计算局面，用"策略网络"去选择下子。2016年3月阿尔法围棋对战世界围棋冠军、职业九段选手李世乭，并以4:1的总比分获胜。——译注

答：我们在这个问题上的体验不同。没有什么无穷倒退性：复杂性到了一定程度就会停止下来。弗雷德金归根到底要谈论的机器和我刚才谈到的量子计算机都是通用的计算机，因为它们都可以在我们编写的程序指挥下去做各种各样的工作。这不是一个硬连线程序。就程序的固定不变性而言，它们和那些可以把信息输进去的普通计算机也没有太大的不同 —— 这个程序也是信息输入的一部分 —— 然后机器就执行你给的任务。它是硬连线的，但是它和普通的计算机一样，也是通用的计算机。这些事情还很不确定，但是我发现了一个运算法则。如果一个不可逆的机器装了一个普通程序，那么我可以利用一个直接翻译的工具把它转变成一个可逆机器的程序，不过翻译转换的效率很低，而且还需要更多的步骤。然而，在实际操作中，步骤可以少得多。不过至少我知道，我可以把不可逆机器上的一个 $2n$ 步骤的程序，转变为应用于可逆机器上的一个 $3n$ 步骤的程序。步骤确实是增加了不少。因为我没有试图去找实现这种转变的最少步骤，所以我完成这种转变的效率很低 —— 这只是完成这个转变的一种方法而已。我真的认为，我们不会遇到你说的那种倒退，但是也许你是对的，我不能确定。

问：那些可逆机器运行这么慢，我们是不是会牺牲掉我们原本希望这种装置拥有的很多优点？对这一点我非常悲观。

答：它们运行会慢一些，但是它们的尺寸要小得多。除非需要，一般情况下我不让它变成可逆的。因为能耗仅仅在 $80kT$ 的情况下，不可逆机器就已经工作得很完美了，所以没有必要让机器变得可逆，除非你努力大幅度降低能耗 —— 其实是多此一举了。与目前的 10^9kT 或 $10^{10}kT$ 相比，$80kT$ 要小得多，所以在能量方面我至少还有 10^7 的改进空间，所以我用不可逆的机器还是没有问题的！这是真的。目前来讲，这是一个正确的发展方向。我只是跟自己玩个智力游戏，才会去探究在理论上我们还可以走多远——而不是付诸实践，结果我发现能量消耗最小可以达到一个 kT 能量的几分之一，我还可以把机器造得极小——原子级别的微型机器。但是，要做到这一点，我必须运用可逆物理定律。之所以会出现不可逆性，是因为热量扩散到了大量原子，不能再聚拢过来。要把机器做得非常小，除非要用到由很多原子组成的冷却元件，否则我不得不把它做成可逆的机器。在现实中，也许永远不会有那么一天，我们会很不情愿地把一台小计算机跟一个有 10^{10} 个原子的大铅片连在一起（这个尺寸实际上还是很小），让它变得根本不可逆。因此，我同意你的看法，在实践中，很长时期内——也许是永远，我们都将使用不可逆门。但是另一方面，力图在各方面都找到极限状态，让人类的想象力尽可能在每个领域都发挥得淋漓尽致，这是科学探险的一个部分。尽管这种努力在每个发展阶段看似荒唐而且无用，但是结果常常证明，至少它是有用的。

问： 不确定原理对它有限制吗？在你的可逆机器方案里，对能量和时间有没有一些基本的限制？

答： 那正是我要说的。这里不存在量子力学对它的进一步限制。你一定要仔细区分以下两种能量：一是丢失的能量或者说是消耗的、不可逆的能量，那是机器在工作过程中产生的热量，二是包含在运动部件中、可以被再次吸取的能量。时间和可以被再次吸取的能量之间有某种关系。但是那种可以被再次吸取的能量无关紧要，或者说我们不必关注它，这好比问我们要不要加上静止能量，即装置中所有原子的 mc^2。我只说到消耗的能量乘以时间，这里没有什么限制。不过，如果你想用超高速进行运算的话，你就得给机器配备移动快而且有能量的部件，这是肯定的。但是这些能量不是在运算的每一个步骤都会有损失，它可以靠惯性运行下去。

【无提问】

费曼：关于"没有用"这个问题，请允许我说几句，我想再补充一点。我一直在等你们问我这个问题，但你们没有问，所以我就主动来说说这个问题。我们怎样去造这么小的一个机器，小到我们要把原子放在某些特殊的位置上？虽然我们现在还没有这样的机器——它的可移动的部件小得出奇，只有几个到几百个原子的大小，但是机器制造朝这个方向发展，这也没有什么物理限制。今天我们已经开始使用硅了，我们也没有理由不把它们做成一个个独立的小部件，方便它们活动。我们还可以装上小喷嘴，在特定的区域喷上不同的化学品。我们能制造超级小的机器，这些机器很容易用我们造的这些计算机的电路来控制。最后，还是为了好玩，开动脑筋聊以自娱，我们可以想象机器只有几个微米大，所有的轮子和线路都通过电路和硅连接。于是这整个东西是一个大元件，它运行起来不像我们现在这些机器那么笨拙、生硬，而像天鹅转动脖子那样优雅灵活——归根到底，天鹅脖子也像是由很多小机器构成，是由一些细胞交织在一起，被一些指令有条不紊地控制着。我们为什么不能做到这个程度呢？

第三章

从加入"曼哈顿计划"到亲眼看到原子弹爆炸

这里是一些轻松的小故事——妙语连珠的费曼在洛斯阿拉莫斯是开保险柜的能手,还不断惹麻烦:他违反"男子宿舍谢绝女客入内"的规定,从而赢得了私人空间;智斗营地审查官员;与科学大腕奥本海默、玻尔和贝特等人成了忘年交;他卓尔不群,是唯一不戴护目镜直视第一颗原子弹爆炸的人,而这一经历永远地改变了费曼。

赫希菲尔德（Hirschfelder）教授真是过誉了，他对我的溢美之词和我要讲的情况有点出入。我演讲的题目是"洛斯阿拉莫斯：从基层做起"。我说"从基层做起"，是指虽然我目前在这个领域小有名气，但在那时候我还只是个无名小辈。我刚开始接触曼哈顿计划 [1]，参与到相关的研究工作时，我连博士学位还没有拿到。跟你们说起洛斯阿拉莫斯的那些人，他们大多认识政府机构或其他机构的一些高层人员，他们是决策层的人。我不参与任何重大决策，我就是基层的一个工作人员。当然，我也不是总在最基层工作，大家也知道，后来我往上升了几级，但是我不属于高层。所以我希望你们不要像赫希菲尔德教授介绍的那样看待我，你只要想着，这个年轻人还没有拿到博士学位，当时他还在写博士论文。我从自己如何加入曼哈顿计划说起，说说这个过程发生了哪些事情。这就是我要讲的内容——我在那个项目中做了哪些工作。

有一天，我正在自己的办公室（普林斯顿大学）工作，鲍勃·威尔逊 [2] 走了进来。当时，我正在工作——（听众笑）你们怎么啦？除了正儿八经地工作，我确实还研究很多更有趣的事情。你们到底

（1）　研制第一颗原子弹的庞大计划名为"曼哈顿计划"，这个计划始于 1942 年，结束于 1945 年 8 月 6 日和 9 日，两颗原子弹分别在广岛和长崎成功爆炸。参与曼哈顿计划的机构遍布美国，其中有芝加哥大学、华盛顿顿的汉福德原子能研究中心、田纳西州的橡树岭国家实验室和新墨西哥州的洛斯阿拉莫斯国家实验室——原子弹就是在这儿制造的，实际上它也是整个计划的司令部。——编注

（2）　鲍勃·威尔逊（Robert R. Wilson，1914—2000），费米国家加速器实验室的第一任主任，1967—1978 年在任。——编注

笑什么呢？——鲍勃·威尔逊进来说，有资金支持他做一项秘密的研究工作。他还说，本来他不应该告诉任何人，但他要告诉我，因为他知道，一旦我知道他要做的事情是什么，我肯定会加入进来。所以他告诉我，他们要做的是铀同位素分离，最终目的是制造一个炸弹，然而用目前的方法分离出来的铀同位素与最终所需的铀同位素不一样，所以他想改进铀同位素分离的技术。他把这些都告诉了我，接着又说下午有个会议……我说我不想掺和这事。他说："你不要急着做决定，3点钟有个会，我们到时见。"我说："你放心，你告诉我这个秘密，我不会告诉别人，但是我不会参与进来。"说完我就转身写我自己的论文。大概也就3分钟吧，我又站起身，开始在屋里踱起步来，琢磨鲍勃说的事情。德国有个希特勒，他们很有可能也在研究原子弹，他们要是在我们之前制造出原子弹，这就太可怕了。所以我决定去参加3点钟的会议。到4点钟的时候，我已经在一个办公室里有了张桌子，并开始演算这种铀同位素分离方法是否受限于离子束的电荷总量这类问题。我不打算介绍那些细节。总之，我有一张桌子，有一沓草稿纸，我尽我所能努力高效工作。负责仪器设备制造的同事们打算就在那里做实验。那场景就像我们看动画片似的，咔、咔、咔，一套设备从无到有，一下子就被组装起来了，我每次抬头，都能看到设备在一点点变大。那时候，所有的小伙子都决定停下手头的科研项目，投身到这个项目中。战争期间，所有的科学研究工作都中止了，除了在洛斯阿拉莫斯的这一点点科研工作。而在洛斯阿拉莫斯，科研工作并没有占多大分量，大量工作都是工程方面的。大家搬来自己原先研究项目中的设备，形形色色的设备汇聚在一起，用来组装一个用于铀同位素分离的新装置。我也中断了自己的研究。不过，不久之后，我请了六个星期的假，写完了博士论文。所以，去洛斯阿拉莫斯前，我刚刚拿到了博士学位，也就是说，我并不完全像我一开始说的那样无足轻重。

当时在普林斯顿进行的这个项目，它最初给我的很有趣的经历就是能结识科学界的大人物，在这之前我还没有接触过多少大科学家。那里有个评审委员会，由他们来决定我们该采用哪一种方案分离铀元素，并给我们提供帮助，他们会帮助我们最终决定用哪一种方法。这个委员会的成员有托尔曼（Tolman）、史密斯（Smyth）、尤里（Urey）、拉比（Rabi）和奥本海默等人，还有康普顿（Compton）。有一件事让我很震惊。他们开会时，我也获准参加，因为我了解正在开展的工作的原理，他们开会时会问我一些问题，然后我们会就那问题展开讨论。接着，某个人会提出一个观点，比如说康普顿，他就会提出一个不同的观点，他的观点往往很正确，他坚持说就应该"这样做"。而另外一个人会说，也许我们要考虑另一种可能性——这与康普顿的观点刚好相反——我们得考虑这种相反的可能性。我都快跳起来了！他，康普顿，他应该站出来反驳的，他应该重申一下他的观点！你看，每个人的看法都不一样，大家围着桌子辩论。最后，委员会主席托尔曼开口了："好了，我听了大家的发言，我认为康普顿的意见是最好的。现在，我们要讨论下一个问题了。"那情景太让我震惊了，委员会的人能提出那么多不同的观点，每个人都能从一个新的角度去看待问题，每个人都记得别人说了些什么，用心倾听别人的想法，最后归纳总结，选出最好的想法——没有必要一再申明自己的看法，大家都是再聪明不过的人，真正是高手过招，你明白吗？这太让人震撼了，他们确实非常了不起！

最终的决定下来了，这个项目的目的不仅仅是分离铀。我们接到通知，停止在普林斯顿的工作，全部人马开拔到新墨西哥州的洛斯阿拉莫斯，也就是说，这个项目真的要制造原子弹了，我们都要到那里去造原子弹了。我们要做一些实验，还需要做一些理论方面的工作。我做的是理论论证的工作，其他人去做实验。接下来的问题是：做什么？我们奉命暂停这边的工作，但是洛斯阿拉莫斯那里还没有准备好，所以中间出现了一段空当时间。鲍勃想利用这段时间派我去一趟芝加哥，尽可能去了解我们要制造的那颗原子弹及其相关问题，以便我们在自己的实验室里动手安装所需的设备，还有各种各样的仪器，等等，这样等我们一到洛斯阿拉莫斯，这些东西就会派上用场，我们可以马上开工，一点儿时间也不会浪费。我在芝加哥的任务就是拜访每个小组，告诉他们我是他们的同事，如果他们遇到问题，要尽可能详细地告诉我，这样我才能够坐下来研究如何解决这个问题。问题解决后，我就去找别人，帮他们解决另一个问题。通过这种方法，我可以透彻地了解所有的细节问题。这确实是个很好的主意，虽然我心里有点过不去。有一次，一个人告诉我他遇到的一个问题，我灵机一动，对他说（我也很幸运），你为什么不用那种方法呢？照我的建议，半小时后，他就把问题解决了——之前他们已经被这个问题困扰了 3 个月！所以，你看，我确实也是做了点工作。从芝加哥回来后，我给同事们上课：有多少能量会被释放出来？这颗原子弹会是什么样的？等等。我记得我的一位朋友，也是我的同事，数学家保罗·奥卢姆（Paul Olum），在我讲完后，他走过来对我说："如果将来他们把这件事拍成电影，他们会安排一个情节，让这个从芝加哥回来的人，西装革履，夹着公文包，向普林斯顿的人介绍原子弹的一切情况——可实际上你是穿着脏兮兮的短袖衬衫来做报告的。"无论如何，这是件十分严肃的事，保罗饶有兴趣地琢磨现实与这事被拍成电影后里面的情节之间的差距。

看起来大家还要再等些时候才能动身，于是威尔逊就亲自去了一趟洛斯阿拉莫斯，他想看看那里进展如何了，到底是什么地方出问题了。他到那儿一看，建筑公司的人正在卖力地工作，他们已经建好了一个剧院，还有其他几个建筑，因为他们知道怎么做。但是没有人清楚地指示他们该怎样去建一个实验室——要装多少煤气管子，多少水管——于是他就到施工现场，当场决定该装多少煤气管子和水管，等等，并要求他们开始动工建实验室。然后他又回到普林斯顿——我们都整装待发了——而奥本海默和格罗夫斯（Groves）在一些问题上有分歧，我们越来越不耐烦了。基于我的研究的进展情况，威尔逊打电话给芝加哥的曼利（Manley），他们一致决定，即使洛斯阿拉莫斯没准备好，无论如何，我们都应该去那儿了。就这样，我们在洛斯阿拉莫斯实验室还没有完全建成的情况下就出发了。顺便说一句，招我们进这个项目的，是奥本海默，还有其他一些人，他对每个人都很有耐心，也很关照每一个人。他很担心我妻子的病情，她有肺结核，他问起那里是否有医院和其他一些设施。这是我第一次和他讨论这种私人问题，他真是一个很好的人。他们还提醒我们要留心一些细节问题，比如，不要在普林斯顿买火车票，因为普林斯顿是个很小的站，如果大家都买了去新墨西哥州阿布圭基的票，别人就会怀疑出什么大事了。最后，大家选择从别的车站上车去阿布圭基，只有我在普林斯顿买了票，因为我想，既然其他人都不在普林斯顿买票……当我去火车站买票，说我要去新墨西哥州的阿布圭基时，售票员说："噢，原来那些东西全是给你托运的呀。"此前我们已经花了好几个星期的时间托运那些装满仪器的柳条箱，原来还希望他们不会注意到这些全是发往阿布圭基的。现在至少有了一个合理的理由了，我们托运那么多柳条箱到阿布圭基，那是我要动身去那个地方了。

我们还是去得早了点。我们到了那里，宿舍什么的还没有准备好。实际上，实验室也没有完全建好。我们提前到来，是催着他们赶紧完工。这下真是把他们逼疯了，为了安置我们，他们把附近农场的房子全部租了下来。我们起先住在农场低矮的平房里，早上开车去上班。开车上班的第一个早晨，我记得很清楚，那里美丽的景色，对一个东部来的、又不怎么旅行的人来说，真是太震撼了。那些壮观的悬崖绝壁，你可能在图片上都看到过，我就不细说了。那些平顶的陡峭的山体，你从下面爬上去看的话，这些奇崛的峭壁让我们都惊呆了。我印象最深的一件事是，在汽车盘旋开上山的时候，我说，现在这里说不定还住着印第安人呢！开车的那个人还真就停了下来……他下了车，绕着一个角落走了一圈，真的发现了印第安人住过的洞穴，而且可以进去看看。所以，从这一点来说，那段经历真的让人非常兴奋。

我第一次到基地时，在大门口看到——你知道，军事科研单位都应该有个围墙围着，但是那里还在施工，所以四周还是空旷一片。另外，照计划，那里要建一个镇子，外头再围上一圈围墙——在大门口，我看见了我的朋友保罗·奥卢姆，他也是我的助手，他正站在那里，手里拿着记事板，检查进进出出的卡车，指挥他们把材料运送到不同的地方。我走进实验室的话，应该会见到一些圈里的人，以前我只在《物理评论》上读过他们的论文，但从未见过面。他们会介绍说："这位是约翰·威廉斯。"只见一个人从铺满设计图的办公桌后站起身，袖子挽得老高，他站在窗边，指挥着卡车往不同的方向运送建筑材料。也就是说，我们现在要接手建筑公司的活儿，接着完成基地的建设。一开始的时候，物理学家们，尤其是实验物理学家，在他们的实验大楼和设备还没有准备就绪之前，他们无事可做，所以他们就去盖房子，或是帮着盖房子。理论物理学家就不同了，他们不用待在农舍里，可以直接住在基地里，因为他们马上可以开始工作。所以我们立即投入到工作中。当然，这意味着我们每个人都有一块移动黑板，那种有轮子的、可以推来推去的黑板。于是，我们推着黑板走来走去——塞伯尔（Seber）会给我们讲解他们在伯克利大学期间对原子弹、核物理和其他这类东西的思考和研究。我不大懂这些东西，我之前做的是不同的工作。所以我有太多太多的事情要做，每天我都要学习、阅读、再学习、再阅读，那真是一段极其忙碌也很充实的日子。我的运气还是不错。那段时间，除了汉斯·贝特，由于一些突发事件，其他大人物几乎同时离开了洛斯阿拉莫斯，比如魏斯科普夫（Weisskopf）不得不回麻省理工学院处理一些事情，特勒（Teller）那时也不在。而在那段时间，贝特需要有个人和他探讨问题，用不同的意见帮助他完善自己的想法。他来到一间办公室里，找到那个桀骜不驯的年轻人，他开始阐述他的想法。我说："不对，不对，你疯了。应该是这样子的。"他说："等一下……"他接着会解释他的想法没错，错的是我。我们就这么争辩下去。结果是——你们知道，一说起物理问题，我眼里只有物理，根本忘了眼前跟我辩论的人是谁，我会说一些不中听的话，比如：不，不，你错了，你真是疯了——可事实证明，这样的辩论正是他需要的，我非但没有得罪他，我还因此被提拔了几级，最后我成了贝特手下一个小组的头儿，有四个手下。

跟着贝特工作，这期间有很多有趣的事情。他来的第一天，我们正好配了一个加法器，那种手动的 Merchant 牌计算器。他说，"让我们来看看，算算压强"——他刚刚研究出一条公式，里头有压强的平方——"压强 48，48 的平方是……"我伸手去拿那个机器，还没动手输入数字，他已经开口了，说计算结果大约是 2300。于是，我开始用计算器来计算，他紧接着说："你想知道准确的数目？是 2304。"计算器的结果确实是 2304。我问他是怎么算出来的，他说："你不知道怎么算 50 上下的数字的平方吗？假如一个数字挨着 50，比如说比 50 小 3 的数是 47，而比 25 小 3 的数是 22，那么 47 的平方，前两位数就是 22，后两位数就是两个数的相差的平方——比方说，对于比 50 小 3 的数 47，两数相差 3，3 的平方是 9，那么 47 的平方就是 2209。很妙，是吧？"我们继续工作（他数学确实很好），过了一会儿，我们又要计算 $2\frac{1}{2}$ 的立方根。我们有个求立方根的小图表，上面有一些近似数，可以在计算器公司提供给我们的计算器上进行试验。于是（你知道，求立方根他要多用点时间），我打开抽屉，拿出立方根表……贝特又开口报了个数："1.35。"我还以为结果会是一个接近 $2\frac{1}{2}$ 的数字，但是实际上不是。我很好奇："你怎么算出来的？"他说："噢，你知道 2.5 的对数是 XX；你把它除以 3，得到 XX 的立方根。那么，1.3 的对数是这个，1.4 的对数是 XX，我就在它们中间取值。"我根本不知道把这些数除以 3，更不用说……所以你们看，他精通所有这些算法，他特别拿手，这对我来说是一个挑战。我坚持练习这些计算。我们时常比赛谁算得更快。每次比赛的时候，我们各自飞快地算啊算，有时候我也能赢他。几年之后，我基本能每 4 次赢 1 次了。当然，你会注意数字中的一些乐趣，比如 174 乘以 140。你注意到，173 乘以 141，类似 3 的平方根乘以 2 的平方根，这是 6 的平方根，就是 2.45。平时，你要注意数字，不过每个人注意数字的方式是不同的 —— 我们从中得到了许多乐趣。

我说过，刚到那里时我们没有宿舍，但是理论物理学家得就地开始工作。给我们安排的第一个住处是一个旧的校舍，以前这里是个男子学校。我住的第一个地方是"机械系宿舍"，里面塞满了上下铺。宿舍安排得不是很好，鲍勃·克里斯蒂（Bob Christie）和他的妻子每天早晨都要经过我们的房间去浴室，很不方便。

我们的第二个住处，是一个叫"大屋子"的建筑，二层楼的建筑外围整个都是大露台，所有的床都沿着墙摆在那里，　张床紧挨着另一张床。一楼贴着一张大表格，上面标着你的床号，以及你该用哪个浴室换衣服。我的名字下写着"浴室 C"，但是没有床号！这让我相当恼火。最后，宿舍终于建好了，我去找他们，看看自己被分配到了哪个房间。他们说："现在你还可以挑房间。"我很是费了一番脑筋，你们猜猜我是怎么选房间的——我先看好哪儿是女员工宿舍，然后选了一个能看到那里的房间。后来我才发现，我房间的正前方正好被一棵大树挡着。自己选的房间，还能怎么说呢？他们告诉我，现在只能两个人住一间——不过这是暂时的，还有，每两个房间合用一个浴室。房间里摆的是上下铺，我可不喜欢两个人挤在一个屋子里。我搬进来的那个晚上，房间里还没有其他人住进来。那时，我的妻子因肺病留在阿布圭基治疗，她的几箱行李放在我这儿。我打开其中一个箱子，拿出一件她的小睡衣，随手扔到上铺，还把上铺弄成有人睡的样子。我又拿出她的拖鞋，还在浴室的地面上撒了些化妆粉。我想让别人觉得，这间屋子除了我还住进来了一个女人。不是吗？如果两张床都有人了，就不会再有人想住进来了。是吧？你看结果会是怎样？这里可是男员工宿舍！第二天晚上，我回来后发现，我的睡衣被清洁工细心地叠好，并放在枕头下面，拖鞋还被她们整齐地摆到床底下。那件女式睡衣也叠好了，放在上铺的枕头下；上铺也收拾得整整齐齐，她的拖鞋也被整齐地摆在下铺的床底下；撒了化妆粉的浴室地面也被打扫得干干净净。最重要的一点是，没有人搬进来，这屋还是我一个人住着。到第二天夜里，还是这样。那是因为我故技重施了：早上醒来后，我把上铺弄乱，把女式睡衣扔上去，再把化妆粉撒到浴室里，等等。这种小把戏持续了四个晚上，最终我一个人拥有了这间屋子。因为每个人都安置下来了，他们就不会再塞一个人到我的房间里。每个晚上回来，我屋里的东西都收拾得整整齐齐，包括女式睡衣什么的，虽说这是个男员工宿舍。嗯，在那种情况下，我就是那么干的。

在那里，我还有点儿卷进了政治事务，那儿有个叫"小镇委员会"的机构。很显然，这个小镇该如何管理之类的事，必须军方说了算，而当地要成立一个管理委员会协助管理。我对那个管委会一无所知，但是像所有的政治机构一样，在那个管委会里也有很多激动人心的事。特别是这里有许多团体的代表：代表家庭妇女的，代表机械工人的，代表技术人员的，等等。至于单身汉和独身的女人，这些住在员工宿舍里的人，觉得他们也要有个代表在管委会里替他们说话，因为刚刚颁布了一些新规，比如"女人不准进入男人宿舍"。这也太荒唐了，大家都是成年人了嘛（哈哈），怎么会有这么愚蠢的规定？所以我们不得不行动起来。我们做了决定，我们展开大讨论，你们知道是怎么回事。后来，我被大家推选为代表，进入了小镇管委会。

在我进入小镇管委会一年，呃，一年半以后，我和贝特谈了这些事。他一直担任管委会的高层官员。我把那件事告诉了他，也就是我把妻子的衣物放在上铺的小把戏。他一听就大笑起来："哈，就是这件事把你带进小镇管委会去了。"那时，有人向上头递交了一个报告，十分严肃的报告。当时，那个可怜的女人吓得发抖，她负责打扫宿舍房间，一开门就发现问题严重——有人来这里和男人睡觉！她站在那里颤抖着，不知如何是好。她往上汇报，清洁工向她的头头汇报，清洁工头头向中尉汇报，中尉再向少校汇报，就这样一路汇报上去，最后报告了将军，一直到管委会——那么，他们是怎么应对的呢？——他们说："要研究研究！"与此同时，一道指令从上往下传达，从上校传到少校，再到中尉，再到清洁工的头头，直到那个女清洁工——"把东西放到原处，把它们整理好"，再继续观察。嗯？第二天，她又向上汇报，同样的事情，如此这般又重演了一遍……那四天，他们为这事伤透了脑筋：到底该怎么办呢？最后他们颁布了一个纪律："女人不准进入男人宿舍！"这条禁令引起下面一片抗议，最后，他们不得不参与所有这些"政治"活动，选出一个人来代表他们……

接下来我要向你们说说那个时候的审查制度。他们出台的一个决定是完全非法的，那就是审查美国国内，呃，美国大陆的信件，其实，他们无权这么做。因此他们在制定这个审查制度时非常小心翼翼，弄得大家好像自愿接受这些审查似的。我们寄信时会自愿不封好信封，我们同意他们拆看我们的来信，没关系，我们都是自愿的。我们往外发的信，都不会封口，经过他们检查后，如果没问题的话，他们会替我们封上信封。如果他们认为信的内容有问题——按照他们的标准，他们就会把信退回来，附上一个纸条，上面写着：按照我们的"理解"，信上某一段违规了，诸如此类的话。他们行事异常谨慎，让这些崇尚自由的科学家最终同意接受这个条件，信件审查制度终于建立起来了。当然，还有一些制度保障我们的权益，比如，如果我们愿意，我们有权评论这里的管理者，我们可以写信给参议员，坦言我们不喜欢某些管理方式或是某某事情。就这样，审查制度完全建立起来了，他们保证，如果遇到什么困难，他们会通知我们的。

这样的日子开始了。执行审查制度的第一天，电话来了！丁零零……是找我的。"什么事找我？""请下楼。"我来到楼下。"这是什么？"那是我父亲写给我的信。"请问，这又是什么？"信纸上画满线条，还带有小点——一条线下面有四个点，有一个点在线上面的，有线下有两个点或是线上有一个点的，还有一些是点下面还有点，"这些是什么？"我回答道："是密码。"他们点头："是的，我们知道这是密码，它们什么意思啊？"我老实回答他们："我不知道。"他们问："那好，解码是什么？你靠什么解密？"我说："我也不知道。"他们又问："那是什么？"我说："我妻子给我写的信。""信上写着 TJXYWZ TW 1X3，那是什么意思？"我说："这是另一套密码。""解码呢？""我不知道。"他们说："你收到这样的密码，你说你不知道解码？""确实如此。"我说，"我们在玩一种游戏。我让他们用密码给我写信，看我能不能破译。明白了吗？他们编密码，然后就寄过来了。他们不打算告诉我解码。"审查制度中有一条规定，不能干预人们日常事务——人们在信件中习以为常做的事情。最后他们说："那么，请你告诉他们，下次把解码随信一起寄过来。"我说："可是，我不想知道解码啊！"他们说："没关系，我们替你把解码拿掉。"这样我们就成了协议。这样很好，是吧？第二天，我收到我夫人的一封信，信上说："这信很难写，因为我感到……（空白）从背后监视我。"在那个空白处，是一个精心涂抹过的斑点，那是用墨水消除液留下的痕迹。于是我找到管理局，我说："你们无权改动我的来信，如果你们不喜欢，你们可以直接告诉我，但你们不能动它。你们只能看，你们没有权利涂掉信上的内容。"他们说："别一惊一乍的，你以为审查员是这么检查的？他们会用墨水消除液？他们要是想弄掉什么，会用剪刀直接剪掉。"我说："好。"于是我写信去问我的妻子："你在信上用了墨水消除液了吗？"她回信说："没有，我的信中没有用墨水消除液，那肯定是……"信纸这个地方被剪了个洞。我又去找那个负责人——负责这些事的一位少校，我找他反映情况，发了好一顿牢骚。为这件事我连续好几天去找他们理论。我觉得，作为一个代表，我一定要把事情弄清楚。少校试图向我解释，审查员都接受过专门的培训，他们习惯了以前的做事方式，不理解我们这里要谨慎处理信件的新做法。我想站在我们这群人最前面，出面维护自己的权益，那就需要和他们频繁打交道，于是我每天都给妻子写信，每天也能收到她的信。少校问我："怎么？你认为我不会坚持工作原则，你觉得我没有诚意？"我说："是的，你很有诚意。但是，我认为——你没有多大权力。你也知道，三四天过去了，这事情还没有解决。"他说："我们走着瞧！"他抓起了电话……一切都搞定了。从此，再没有发生信件被剪掉这种事情。

虽然如此，但是写信这事还是带来了一堆的麻烦。举个例子，有一天我收到夫人的一封来信，还附带一张审查员的字条——上面说信里有密码，因为没有附带解码，所以他们把密码截留下来了。后来我去阿布圭基看望妻子，她问我："对了，那些东西呢？""什么东西？"她说："杀虫剂、甘油、热狗、干净衣服。"我说："等等，那是一张清单？"她说："是呀。""那是他们说的'密码'。"我说。他们把那张清单当作密码了——杀虫剂、甘油等等这些东西。

有一天，我闲着没事——开头几个星期都是这样，我们需要几个星期把事情理顺——我鼓捣着那个计算机器，我注意到一些事情。于是，我每天都在演算，我有很多东西要演算——这很奇怪。请注意这个：如果你用 1 除以 243，结果是 0.00411522633744855 9670781893004115，非常有趣，你观察小数点后每三位，可以发现一些规律（004 115 226 337）。不符合规律的是后三个三组数（670 781 893），之后又开始新一轮的循环，然后你可以发现，它们其实还是遵循这个规律的，10-10-13 可以等同于 114 嘛，（670 等同于 6-6-10，781 等同于 7-7-11）。我觉得这有点意思。我把它写到信里，可是信被退了回来。它没能通过审查，一起退回来的还有一张小纸条："请看第 17B 条款。"我翻到规定第 17B 条款，上面说："信件只能用英语、俄语、西班牙语、葡萄牙语、拉丁语、德语等语言写，用其他语言写信需要得到许可。"接下来还有："不准用密码。"于是我在信中加了个小便条，寄到审查员手里，向他说明那些数字当然不能算是密码，如果他拿起笔，用 243 去除 1，计算结果确实是那样——我写得清清楚楚，数字 243 和数字 1-1-1-1-0-0-0 一样，不包含任何信息，等等这类的话。因此，我请求他们允许我用阿拉伯数字写信，我喜欢在信中用阿拉伯数字。结果我成功说服了他们。

信件来来往往，总会遇到些麻烦。有段时间，我夫人一直抱怨，说写信的时候老觉得那个审查员就在背后监视着她，这种感觉让她很不舒服。按照规定，我们不能提到审查制度——我们是不允许这么做的，但是，他们又怎么能对她下命令呢？所以他们总是给我写便条："尊夫人又提到审查制度了。"确实，她提到这个了。最后，他们给了我便条，直接提出要求了："请告诉尊夫人不要在信中提及审查制度。"我给她写信："他们要求我通知你不要在信中提及审查制度。"我的回信直接被打了回来。我给他们回了一个纸条："是你们要求我跟她说不要提审查制度的！我究竟要怎么做？再说，凭什么非要我要求她不要提审查制度不可？难道你们向我隐瞒了什么？"很有意思，审查员不得不亲自出面，当面请我转告我夫人："不要告诉她……"但他们有自己的理由。信件从阿布圭基寄过来，他们担心半路被人截获，如果有人看了信，会觉察到我们这里实施审查制度，所以请她尽量表现得若无其事。因此，后来我去阿布圭基的时候，就跟她说："以后我们就不要提审查制度了。"我们惹的麻烦实在太多了，所以，我们最后约定用一种暗号，呵呵，非法的密码。我们约定：如果我的签名后面多了一个点，就说明我又惹上麻烦了，那她就换用另一种密码。因为她生病了；整天坐在那儿，就老琢磨着找一些事情来做。她做的最后一件事，是把一个广告寄给我——她以为这么做不违法。广告说："用拼图玩具给你男朋友写封信吧。这是空白的拼图。我们把它卖给你，你把信写在上面，然后把拼图全拆开，放在一个袋子里寄出。"我收到了这封信，随信还附有他们写的一张便条，上面写着："我们实在没时间玩游戏，请告诉尊夫人，请她写一些普通的信件！"哈哈，其实我们早就准备好另一个方法了。下封信我会这样开头："希望你记着，打开这封信时要小心一些，我们说好的，信里给你带了一些治胃病的碱式水杨酸铋。"这封信里装满了粉末，我们希望审查的人在办公室里一打开信，粉末就会撒得满地都是，他们会被弄得手忙脚乱。还有，按照规定，他们不能把信里的任何东西弄乱，所以他们得把撒落的这些碱式水杨酸铋全部收集起来……不过，我们没必要非要这么整人不可，是吧？

和审查员打交道多了，我能准确地判断什么样的信能通过检查，什么样的信不能通过。在这方面谁也没有我在行。我还用这个和人打赌赢了点钱。有一天，在围栏外边，我发现了一件事：住在外面的工人懒得绕一个大圈从大门进来，于是他们在离大门很远的围栏上挖了个洞，方便进出。我于是从大门出去，回来时就绕到被挖的围栏那里，从洞口钻进来，然后又从大门出去，再钻洞进来。就这样进进出出，直到那个家伙，那个守大门的中士开始困惑了：这是怎么回事？怎么总见这人往外走，从来没见到他进来呢？自然，这位中士的反应是报告中尉，还准备把我送进监狱。我向他们解释："围栏上有个洞。"你知道，我总喜欢给人指点迷津，我告诉他们围栏那里有个洞。然后我和一个人打赌，我说自己可以给上面寄一封信，在信里说清楚围栏哪个地方有个洞，并把这封信寄出去。我确实做到了。我在信上说："你们该看看他们是怎么管理这个地方的。"——你知道，上面准许我们反映情况的——"围栏离某个地方71英尺处，那里有个洞，尺寸有多大，你可以轻轻松松钻过去。"好吧，他们还有什么办法吗？他们不能睁眼说瞎话，说那里没有我所说的那么一个洞。我的意思是，他们能做什么呢？那里确实有个洞，他们只有自己认倒霉，他们本来应该把洞补上的！我就这样把这事情摆平了。我还给上面寄过这样一封信，信里反映了我组里的一个男孩如何在深更半夜被军队里那些白痴叫醒，在刑讯室的强光照射下被严厉拷问，因为他们查出了他父亲的一些事情或是其他什么事。具体情况我不知道，总之，他们怀疑他是共产党。他的名字叫卡曼，他现在是个名人了。

当然，还有其他一些事情。我总是想方设法把一些事情抖搂出来，就像指出围栏上有个洞一样，不过我习惯用间接的方式。我想引起大家关注的一件事情是：项目刚开始的时候，我们拥有一些至关紧要的顶级机密：我们已经掌握了很多铀的情况，它是怎么起作用的，等等。所有这些资料都被保存在文件柜里，文件柜是木制的，只配了常见的普通小挂锁。为了提高保险系数，厂家在文件柜里设置了各种各样的东西，比如一个可以落下的用来拦挡的杆，它被一个挂锁锁着——不管怎么说，那充其量也就是一个挂锁。情况更为严重的是，你甚至不必开锁就能把材料从这些木头柜子中拿出来——你只需要把它向后倾斜一下，你要知道，它最下层的抽屉只是用一根小棍支着，最底下的木板有个洞，你可以从下面把文件抽出来。那段时间，我一直偷摸着去开锁，并告诉大家开锁是件很容易的事情。每次开大会，也就是大家都在场的时候，我就站起来说，我们手上有这样重要的机密，我们可不能把这些重要机密保管在那样的木头柜里。这些锁太差劲了，我们需要用更好的锁。有一天，特勒在会上站起来对我说："没关系，最重要的机密材料我不放在文件柜里，我把它们放在办公桌的抽屉里。这样更保险吧？"我说："我不敢保证，我没看过你的办公桌抽屉是什么样的。"那次会上，他坐得比较靠前，我坐得比较靠后。会议继续进行，我偷偷溜出会议室，下楼去看他的办公桌抽屉。呵呵，我甚至不用打开他办公桌抽屉的锁。其实，你只需要把手从办公桌背面底下伸过去，就能掏出抽屉里的纸，像厕所里的抽纸盒那样，你抽出一张纸，那张纸就会带出另一张纸，然后再带出另一张……我掏光了整个抽屉，拿出了里面所有的东西。我把这些东西放在一边，然后上楼回到会场。会议正好结束，大家正往外走，我混进人群，随着人流往外走……我快步赶上特勒，对他说："嗨，顺便让我看一下你的办公桌抽屉吧？"他说："没问题。"于是我们一起走进他的办公室，他把自己的办公桌指给我看。我说这桌子看起来真棒。我说："我们来看看里面放了些什么。""很高兴让你看看这些东西，"他一边说，一边

73

拿出钥匙开抽屉,"如果你自己还没有看过的话。"跟特勒先生这样高智商的人开玩笑,有点让人沮丧:他的反应太快,从觉察到事情不对劲,到完全弄明白发生了什么,这过程太短,你丝毫享受不到捉弄人的乐趣!

哈哈,还有很多和保险柜有关的有趣的事,不过它们和洛斯阿拉莫斯没有什么关系,我就不多说了。我要讲另外一些问题,很特殊的问题,也很有趣。其中一个和橡树岭工厂的安全问题有关。洛斯阿拉莫斯负责制造原子弹,但是分离铀同位素的工作在橡树岭,他们要分离铀238、铀236和铀235,其中只有铀235是可以裂变的,是吧?他们刚刚从一个实验对象中获得微量的铀235,而与此同步,他们已经开始大量提炼铀235了。那儿有个大工厂,到时会有大量的化学品,他们要对这些已经提纯的材料进行再次提纯,为下一阶段工作做准备,这些材料要进行多次提炼。也就是说,一方面他们刚刚在实验室得到一点点样品,这还是试验性质的,而另一方面已经在大规模处理那些化学品了。他们要学习怎样分析它,确定其中铀235的含量。我们在洛斯阿拉莫斯指导他们怎么做,但他们总是做不到位。最后,塞格雷(Segrè)发话了,要想解决这问题,唯一的办法就是他亲自到橡树岭看看那边的人是怎么干活儿的,这样才能弄清楚他们的分析为什么总是错的。但是,军方不同意,理由是:我们的纪律规定,洛斯阿拉莫斯所有的信息不得外泄,压根儿不能让橡树岭知道铀的用途,他们只要知道自己要做什么(分离铀)就行了。我的意思是,橡树岭的高层管理人员知道他们在分离铀,却不知道那颗炸弹的威力,或者这颗炸弹的工作原理是什么等等,而一线的工人根本不知道自己在分离铀。两地信息不能沟通,这种情形正是军方希望看到的。但是,塞格雷始终坚持要去橡树岭看一看,他说这很重要,如果橡树岭的分析永远做不对,那么整件事情都要泡汤。于是,塞格雷去了橡树岭,查看那里的人是怎么做事的。他在厂区里到处走动，碰见工人们用车拉一大罐水，绿汪汪的水，那是硝酸铀。他问："这水提纯以后，你们也这样搬运吗？你们都是这么干的吗？"那些工人说："当然啦，有问题吗？"他再问："难道这样不会爆炸吗？"工人很奇怪："啊？爆炸？"这时军方发话了："你要知道的，我们不该泄露任何信息。"后来事实证明，军方那时已经知道造一颗原子弹需要多少材料，比方说20千克；他们也知道，工厂里根本不会有那么多原料、提纯过的原料，所以也就不会有爆炸的危险。但是，他们不知道，中子在水中减速后，它的活跃程度会大大提高。所以在水中，就那20公斤而言，不到十分之一的量，不，不到百分之一的原料就能引起化学反应，从而造成辐射。这虽然不会造成大爆炸，但是它产生的辐射，足以杀死周围所有的人。因此这是很危险的，而上面根本就不关注这些安全隐患。

于是，奥本海默发了一封电报给塞格雷：把整个厂区走一遍，留意一下我们应该格外注意哪些地方；还有那里的人设计的工作流程。与此同时，我们在计算：为防止爆炸发生，最多能在一个地方放多少原材料？有两个小组负责这项计算任务，克里斯蒂的组负责计算液态的临界量，我负责计算装在盒子里的干粉的临界量，呃，我的小组。我们算出了那些量。上级准备派克里斯蒂去橡树岭，告诉那里的人目前的处境。我高高兴兴地把我这组算出来的数据全部交给克里斯蒂，我对他说："所有的资料都在这儿了，你去走一趟吧。"可是克里斯蒂得了肺炎，只能换我去。在这之前，我还从来没有坐过飞机，这回上面让我坐飞机过去。他们把这些机密资料用一个配有带子的小东西绑在我的背上！那时的飞机就像公交车，不一会儿就会降落在什么地方，除非两站之间的距离比较远。飞机停在一个地方，你就要等着。有一次，一个站在我身边的家伙，手上舞着一个钥匙链，嘴里说着什么"这年头，如果没有个优先权，恐怕就上不了飞机喽"。我实在忍不住，就回应了一句："呵呵，我不知道现在的形势，我倒是有个优先权。"没过一会儿，要上来一些将军，工作人员要把排在第三等级的一部分乘客赶下这班飞机。不过没关系，我属于第二等级乘客。那个乘客也许会写信给他的国会议员——如果他自己不是国会议员的话——战争期间，为什么让这些毛头小伙子有优先权坐飞机到处跑？他们到底想干什么？不管怎么说，我到了橡树岭。我做的第一件事，是请他们带我去厂区走走，但我什么也不说，我只是看，仔细观察每一样东西和每一件事情。我发现那里的情况比塞格雷报告的还要糟糕，因为那次他是第一次去，所以有点搞不清楚状况。他只是注意到一些地方堆着大量这样的盒子，但是他没有发现，另一个房间里也堆着大量的这些盒子，而这两个房间可以说只有一墙之隔。他没有注意到诸如此类的问题。你要知道，如果把这类化学品过多地堆放在一起，就会爆炸起来。我走遍了厂区的每个角落，虽然我的记忆力不好，但在高强度工作的时候，我的短期记忆力很好，所以我能记得所有奇葩的现象，比如92号，呃，97号建筑，以及大桶的数目等等。那天夜里我回到住处，把整个情况过了一遍，确定安全隐患在哪些地方，以及应该怎么解决——这很容易，你可以把镉放在溶液里去吸收水中的中子；你按照规定把盒子分开存放，不要堆得太密集；不要把太多的铀放在一起；等等。我要拿出所有的例子，努力列出所有我能想到的例子，还要解释冷冻过程是怎么一回事。我觉得，除非你了解整个运作原理，否则你不可能保证这个工厂安全运行。因此，第二天要开个大会。

哦，我忘了说一件事，在我离开之前，奥本海默对我说："呃，你去橡树岭的时候，那里有些技术骨干，比如朱利安·韦伯先生，还有这位先生、那位先生等等。你要保证这些人都到会，一定要告诉他们是怎么一回事，你知道的，安全问题；你务必要让他们真正明白（安全问题事关重大）——他们是负责人。"我说："如果他们不来开会怎么办呢？到时，我该怎么做呢？"他说："那你就说，否则，洛斯阿拉莫斯不对橡树岭的安全负责！"我说："你的意思是，我——无名小卒理查德，到那儿去对他们说……"他说："是的，无名小卒理查德，你去做这件事。"我真的这么快就出息了！所以，当我到了那儿，千真万确，我到那儿的第二天就开会了，公司的所有人，包括公司的大头头、我要求到会的技术人员都来了，还有将军们和其他人，那些对安全问题感兴趣的人，那些管理岗位的人，等等。那个大会是专门为至关紧要的安全问题而开的，因为如果安全没有保障，工厂可能再也办不下去了。我敢肯定，如果不是有人注意到了这里的安全问题，这厂子可能已经炸没了。由于事关重大，当时有个中尉负责照顾我，他告诉我："上校说了，你不能给他们讲中子如何发生作用等等这些细节，因为我们希望这两个部门在这么机密的事情上不要通气。你只需要告诉他们如何安全地保管这些化学品就可以了。"我说，在我看来，如果他们不知道这些原理，他们就不可能理解并遵守那一大堆规则，除非他们知道这其中的原理。所以我的观点是，我必须告诉他们原理，否则洛斯阿拉莫斯不对橡树岭的安全负责！于是，中尉向上校报告了我的态度，上校说："我考虑 5 分钟。"他向窗口走去，停下来，站在那里考虑。他们最擅长这个了——他们善于做决定。是否向橡树岭工厂的人们透露原子弹的工作原理，能在这样的事情上做决定，并且能在 5 分钟内断然做出决定，我觉得十分了不起。因此我对这些军方人士非常钦佩——不管给我多长时间考虑，我都没有魄力在任何一件重要的事情上做出决定！

最后，5 分钟过去了，他说："好吧，费曼先生，你去讲！"于是我坐了下来，把中子所有相关的情况都告诉了他们：中子如何起作用，等等，过多中子聚到一起，你得把原料分开来放置；镉吸收中子，速度慢下来的中子比快速运动的中子性能更活跃，等等——在洛斯阿拉莫斯，这些只是基本的常识，但在橡树岭，他们从来没有听说过这些知识，所以在他们眼里，我成了了不起的天才，是天神下凡了！所有这些他们以前不理解，甚至闻所未闻的现象，我全知道，我还能给他们举事例、给出数据和其他东西。因此，我这个在洛斯阿拉莫斯名不见经传的小人物，到了橡树岭竟成了超级天才！我这次橡树岭之行促使他们做了一些决定，他们成立了若干个小组，自己学着去做计算；他们还着手重新设计工厂。工厂设计师来了，此外还打算建立另外一个工厂专门处理分离后的化学物质，那些建筑设计师、工程师和化工工程师也都来了。还有其他一些人也来了。这时，我却要离开那里了。他们让我几个月后再来，他们要重新设计铀分离工厂。

几个月之后，也许就是一个多月之后吧，我又去了一趟橡树岭。这时，斯通－韦伯公司的工程师已经完成了整个工厂的设计，请我来把把关。呵呵！检验一个还没有建成的工厂？我可不知道该怎么办！我跟着那些人进了一个房间。你知道，我身边总跟着朱姆沃尔特中尉，他负责照顾我——这个你们懂的，所以我走到哪儿，他跟到哪里。他把我带到一个房间，那里有两位工程师，还有一张超长的桌子，一张硕大无比的大桌子。桌子上铺着一张和桌子一样大的设计图，哦，不是一张设计图，是一摞设计图。我虽然在学校学过机械制图，可是我并不擅长看图纸。他们开始跟我解释这些设计图，因为他们认为我是个天才，啥都懂。他们是这么开头的："费曼先生，请看，工厂是这么设计的。你知道的，我们必须避免的一件事就是堆积问题。"还有这样的问题——有一个用来储存东西的蒸发皿，假如发生阀门堵塞之类的情况，那里就会积聚过量的东西，那就会引起爆炸。他们向我解释说，在整个工厂的设计中，没有单阀门，每个地方至少都要有两个阀门，所以，即使某个阀门堵塞了，也不会发生事故。他们接着解释工作原理：四氯化碳从这儿进来，硝酸铀从这儿进去，它从这儿上去，又从这里下来，它穿过楼板，穿过这些管道上去，再从二层的管道上去……他们在图纸上比画着，从这里下去、上来，再从那里下去、上来，他们飞快地解释着这个万分复杂的化学工厂。我整个人都蒙了，更糟糕的是，我根本不知道图纸上那些符号代表着什么！有个符号，是一个方块符号，中间打了个叉，我一开始以为那是窗子，那要命的图纸上到处都是这些符号。满眼看去，图纸上都是带有这种要命符号的线条。我想，这是窗户吧，哦不，不可能是窗户，因为它并不总是出现在图形边缘。我真想问问他们那是什么。你一定有过这样的经历——有疑问时你没有马上问，如果及时提问了，那就没有问题了。但是，他们实在已经解释太久了，你也犹豫得太久了。如果你现在问他们，他们会说："你怎么早不问啊？敢情我们都白说了呀？"我真不知道如何是好。我暗自琢磨：我向来都很走运，（要不这次也试试？）你们可能不相信这个故事，但我发誓，这好事绝对是真的发生了，我是如此幸运啊！我不停地想啊想，怎么办？该怎么办呢？我终于有了一个想法：也许那是个阀门？为了弄清楚它到底是不是阀门，我伸出一个手指，按在第 3 页图纸的中心位置，说："如果这个阀门堵塞了，会发生什么情况？"说这句话的时候，我还想着他们会这样回答："不，先生，那不是阀门，那是个窗户。"真是幸运，我蒙对了。一位工程师看了同伴一眼，说："噢，如果那个阀门堵住了……"他开始在图纸上上上下下查看，另一个家伙也围着图纸上上下下、前前后后地忙活起来。最后他们对视了一会儿，然后转过头来，对着我说："先生，您说得太对了。"最后，他们卷起图纸走了出去，我们也走出房间。那个形影不离跟着我的朱姆沃尔特中尉说："您真是个天才！那天您只在厂里走了一遍，第二天就和他们说 90 号楼 207 房里的 C21 号蒸发皿有问题。从那时候起，我就知道您是个天才。"他说:"但是您刚才的表现,真是太神了。我想知道,您到底是怎么做到的?"我告诉他:"你得先试着去弄明白那东西是不是一个阀门。"

除此之外,我还有另一个任务。我们需要做大量的计算,用的计算工具是 Merchant 牌计算器。我顺便给你们说说洛斯阿拉莫斯那里的工作情况——那儿也用同一个牌子的计算器。我不知道你们是否看过它们的样子,那是一种带有数字的手动计算器,你得用手去推,它们能做乘、除和加法运算,等等。不过,那时的计算器用起来很费劲,不像现在的机器这么容易操作,而且它们只是些小机械产品,维修也很麻烦,必须送回厂家去修。按照标准,我们应该有专门的维修人员,可是我们没有,所以,每当机器出问题了,只能送回厂家去维修。很快,我们就没有计算器可用了,于是我和其他几个人就试着动手打开计算器的外壳。这本来是不允许的,因为有这样的规定:"禁止打开机器外壳,否则概不负责……"我们还是打开了外壳,并且学到了很多东西。拿我们打开的第一台机器来说,里面有根打了一个眼的杆,还有一根这么挂着的弹簧。显然,弹簧应该穿过那个小洞——就这么简单。总之,上帝保佑,我们学会了怎么修理这些机器。后来我们的手艺越来越精,那些要求更高的维修,我们慢慢也能上手了。当然,遇到过于复杂的问题,我们还是要把它们送到厂家维修,但是,简单的维修,我们自己就能解决了,我们的工作也就能继续开展下去了。我还修过一些打字机。最后由我负责修理所有的计算器,其他人就不用动手了。我修过几台打字机,可是有个机械车间的家伙比我内行,所以就由他负责修理打字机;我呢,专门修理加法计算器。

好了,言归正传。我们确定了核心问题,就是要确切弄清楚原子弹爆炸过程中发生了什么:在核爆炸时,我们把东西(中子)推进去,随后中子又被大量释放出来。弄清楚这个过程中究竟发生了什么，我们就能精确地计算出爆炸释放出来的能量。而这需要海量的计算，远远超出我们的能力。一个名叫斯坦利·弗兰克（Stanley Frankle）的同事，他很聪明，他想到 IBM 的机器也许能完成这样的计算。IBM 公司生产商用的计算机器，比如被称为制表机的加法机器，它可以列出金额；还有一种乘法器，那种机器就像一个大盒子，你把卡片放进去，它会从每张卡片上取两个数字，相乘后把结果打印在卡片上。此外还有校对机和分类机等。斯坦利·弗兰克决定把他的想法付诸实践，他想出一个很好的点子：如果在一个房间里放上足够多的这种机器，我们就可以循环处理卡片。我想，每个从事过数字计算的人，都清楚我在说什么，但在当时，利用机器进行大规模数据处理，却是一件新鲜事。

我们已经在加法器上做过此类工作。通常情况下，你自己要一步步计算，所有的步骤都得自己来。但是这下不同了——你首先用加法器计算，然后用乘法器，最后再用加法器。就这样循环操作。我们都认为这是一个好办法，它可以解决我们面临的问题。就这样，他设计了这么一套程序，并向 IBM 公司订制这样一批机器。我们发现军队里有人曾接受过 IBM 训练。而我们需要这么一个人来修理和维护 IBM 的机器，保证它们正常工作。他们一直说要给我们派这么一个人，但总是拖着没解决。可是我们的任务总是那么急。我不得不向他们解释我们的处境，我们要做的每一件事以及我们要疲于奔命来完成任务。在这种特殊情况下，我们研究出了整套人工计算所需的所有步骤，以及机器计算所需的步骤，比如乘上这个数，然后加上这个数，再减掉那个数。我们设计好了程序，但是我们没有机器来测试一下！那么我们是怎么解决这个问题的呢？按照我的安排，我们准备了一个房间，里面坐满了女孩子，每个人面前都有一台 Merchant 牌计算器。这个女孩负责乘法运算，那个女孩负责加法运算，还有一个女孩负责算出立方数；我们手上有很多卡片，是索引卡片；其中一些女孩的任务就是计算这个数字的立方，然后把计算结果传给下一个人。这个人相当于乘法器，那个人则相当于加法器，我们用人力代替机器进行循环运算，解决了所有的困难。我们就用这种方法工作。结果，我们计算的速度（大大提高）——之前我们从来没有组织过这样的集体计算，每一个做计算工作的人，都需要自己一个人完成所有的计算步骤。但是福特（Ford）想出了这个好主意，它确实比其他任何方法都要快得多，照他这个办法，我们的计算速度与 IBM 机器预计能达到的计算速度不相上下。唯一不同的是，IBM 机器不会累，它们可以全天候工作，但是这些女孩子一会儿就累垮了。不管怎样，我们解决了这个问题。最后，机器总算运来了，可是，维修的人还没有到位。于是，我们就自己动手组装了这些计算机器。这些机器在当时算是非常复杂的高科技机器了，这些计算机——那些大家伙运过来的时候只有部分是组装好的，连着很多线，还有安装图纸。我们就自己动手组装，我，斯坦利·弗兰克，还有另外一个人。组装过程中，我们遇到了一些麻烦。主要的麻烦就是不断有大人物跑过来对我们碎碎念："你们会把东西弄坏的，你们别把东西弄坏了。"我们把机器部件组装起来，有时候能运行；有的时候出差错了，机器就不能运行。我们就摸索着鼓捣机器，努力让它们运行起来。我们最终没能让它们全部运转起来，在我组装最后一台乘法器时，我看见里面有个部件弯了，但我不敢掰直它，就怕它会啪的一声折断了。他们总是警告我们，别把东西整坏了。最后，按照计划，IBM 公司的人来了。他把我们没有搞定的部分组装好，我们的程序也终于运行起来了。但是，那台曾经把我难倒的乘法器，他也搞不定。三天过去了，他还在那台机器边上忙乎。我走过去说："噢，我注意到那个地方弯了。"他说："噢，原来问题出在这儿！"（打个响指）——就这样，全部弄好了。整个过程就是这样。

好，弗兰克先生开始实施他的计划了，与此同时，他也得了一种病——"计算机病"。现在每个用计算机的人都知道这个毛病，那种病非常厉害，会干扰整个工作。这是我们面临的一个严重问题。所谓计算机病，就是你一"玩"上计算机，就会上瘾。计算机真是很奇妙。你手上操控着那些 x 转换开关，如果是偶数就是这个计算结果，如果是奇数就是那个结果，如果你够聪明，很快你就能在一台机器上做越来越复杂的计算。只不过，没过多久，整个系统就瘫痪了。他对工作不再上心，也不再管理手下，整个系统运转得很慢、很慢。但是，真正的麻烦是，他一直坐在一间办公室里，琢磨怎么让制表机自动打印出反正切值，然后机器就开始打印，成排成排地打印，扑哧，扑哧，扑哧，一边打印一边还自动用积分计算反正切值，整张表都是反正切计算结果。其实，这毫无意义，因为我们人手一份反正切表。不过，如果你用过计算机，你就会理解他为什么会得这种病。计算机能让你知道自己究竟能做多少事情，这也是一种乐趣。他第一次接触这机器，就染上了这种病，这个可怜的家伙——整个项目都是他发起的，可他却得了这种病。

所以，他们要我停下手上的工作，让我去负责 IBM 组。我对这种计算机病很是警惕，尽量避免沾染上这种毛病。我有个很出色的团队，尽管他们在 9 个月里只做了 3 个项目。关键问题在于他们从未把真相告诉这群小伙子——他们从全国各地的高中挑选有工科潜力的聪明男孩，组成了这支"特殊工程派遣队"。军方把他们送到洛斯阿拉莫斯来。他们把这帮小伙子安置在军营里，可是什么情况都不向他们透露。他们来这里工作，被分配到 IBM 小组，整天打一些莫名其妙的孔，和一些莫名其妙的数字打交道，却没有人告诉他们这到底是为了什么。很自然，工作进展很慢。我说，现在最重要的事情，是让这些技术岗位上的大男孩知道他们在干什么。奥本海默就去和安全局的人交涉，终于争取到了特别许可。于是我就去做动员工作了，给他们做了一次鼓舞人心的演讲，明白地告诉他们，我们做的是什么性质的工作。结果他们都很振奋：我们是为这场战争服务，我们明白这意味着什么。他们明白这些数字的意义了。如果算出来的压力越高，那就意味着释放出来的能量越多，等等。他们明白了自己正在做什么，于是，他们的工作态度有了180度的大转变！他们开始动脑筋发明更好的办法，他们改进了工作方案，他们夜里加班，而且不需要人监督。他们不需要任何物质激励，他们心里都清楚这项工作的意义。他们还发明了好些程序供大家使用。我的这些小伙子真的扛过来了！我们需要做的仅仅是告诉他们真实情况，这就够了。如果还是原来的态度："不要把机密透露给他们""就让他们打洞"……拜托！过去9个月里，他们只完成了3个项目；现在，他们用3个月时间做了9个项目，速度比以前快了将近10倍。我们完成这些工作当然是有窍门的，其中一个是这样的：我们需要把一捆卡片循环运算一番，先加，然后再乘。卡片要在房间里的这些机器里走上一圈，它们在不同的机器里进进出出，所以速度比较慢。我们想出一个方法：一套卡片里有好几种不同的颜色，把同样颜色的卡片放在一起过机器，这样，我们可以同时处理两个或三个问题。你知道，这已经是另一个问题了。这种颜色的卡片在做加法运算，同时另一种颜色的卡片做乘法运算。通过这种统筹的方法，我们超额完成了很多项目。

　　最后，在战争快要结束的时候，也就是我们必须在阿拉莫戈多[1]试爆之前，我们要解决的问题是：爆炸将会释放多少能量？我们已经计算过多种不同方案下被释放出来的能量值，而最终选定的那个方案，我们却从来没有在计算机上演算过。鲍勃·克里斯蒂过来了，他说，我们希望在一个月内知道结果，或者更短的时间，三个星

---

(1)　美国新墨西哥州南部的城市，1945年7月16日，世界上第一颗原子弹在距离这里96千米的特里尼蒂发射场试爆。——译注

期——我记不大清楚了。我说："这不可能。"他说："你看，你们一星期就能处理这么多问题。而现在，给你们两星期或三星期，只要解决一个问题。"我解释说："我知道。可是这个问题需要的时间要多很多。我们都是同时处理多个问题，如果一个个按顺序来，需要的时间就很长，没有更快的法子。"但是，他前脚刚走，我就开始思考：有没有办法算得更快一些？比如，我们不让机器做其他任何事情，这样，就不会有干扰了，等等。我就开始琢磨这些事情。我给小伙子们下了战书，在黑板上写了一句话："我们能做到吗？"他们齐声作答："能！"我们所有人两班倒，轮流转。大家说着诸如此类的话：我们会放手一搏。我们要放手一搏！于是，我们商量好，其他所有工作要为它让路，我们集中精力，只做这一件事。然后他们就投入了工作。

那时，我的夫人在阿布圭基因病去世，我必须过去。我借了富克（Fuch）的汽车，他是我在宿舍认识的朋友。他有一辆汽车——他就是用这辆车把情报带到圣达非[1]去的。他其实是个间谍，可我当时不知道这些。我借了他的车，就往阿布圭基赶。那该死的车一路上爆了三次胎。我办完妻子后事，就回到营地去，我径直走进办公室——因为我负责那摊事情，而我已经三天没有去了——那里一副人仰马翻的景象，为了计算出沙漠里那个试验所需的数据，他们忙得不可开交。我走进房间，发现那里有三种不同颜色的卡片：白色、蓝色和黄色。我说："嘿，你们还在忙别的事情？你们记着，现在只能做一件事！"他们说："你先出去，先出去。你等一下，我们再给你解释。"所以，我就待一边等着。事情是这样的：在工作过程中，有时机器会出错，有时他们会放错卡片，这些情况都发生过。我们之前的处理方法是：从头来过，所有卡片重新走一遍。但是他

---

(1) 圣达非（Santa Fe），新墨西哥州的州府。——译注

们注意到一个情况，卡片通过机器时有自己固有的位置和深度——就空间而言。一组卡片中某一张卡片出了问题，在机器里走上一遍后，它只会影响邻近的几张卡片；下一循环也只能再影响几张挨着它们的卡片，就这样发展下去，最终会影响整组卡片。举个例子，一组 50 张卡片，第 39 号卡片出错了，只会影响到前边两张卡片，也就是说 37 号、38 号和 39 号卡片会出问题；卡片再过一遍机器，出问题的是 36 号、37 号、38 号、39 号和 40 号。等这些卡片第三次过机器时，它会影响更多的卡片，错误就像传染病一样扩散开来。他们发现一张卡片出现了问题，想重新过一遍机器的时候，他们想出了一个办法。他们只需要重新计算一小部分卡片，也就是那张出问题的卡片的前后 10 张。因为 10 张卡片通过机器的速度，要比 50 张卡片通过机器的速度快得多。所以，当有问题的 50 张卡片还在机器里跑的时候，他们就把这 10 张卡片很快过了一遍。计算速度变快了，但是又带来一个问题——他们得把整组卡片封上，并纠正错误。他们很聪明，是吧？那帮小伙子就是这样干活儿的。为了更快地完成任务，他们的确很卖力，也很有头脑。别的路子都走不通。要是停下来纠正错误，我们就会浪费很多时间，我们就完不成任务了。这就是他们做的事情。当时我进来的时候，他们发现一张蓝色卡片出错了，于是他们就拿了一叠张数少一些的黄色卡片，你知道，这些黄色卡片在机器里走一遍，速度要比那叠蓝色卡片快。处理完这个问题后，他们又得去处理那堆白色卡片——他们要把有问题的卡片拿走，换上正确的卡片，再让一切正常运转。这让他们焦头烂额，你能想象那是什么样一个场景，很容易把人弄糊涂。可是，你不能犯错！他们忙着应付三摞卡片，让它们过机器，还要把所有的卡片封起来，这时候，上司进来了。"你别打断我们。"他们说。于是我就识趣退开，让他们自己忙乎，最后结果也出来了。我们按时完成了任务，情况就是这样。

接下来，我想跟你们简单说说我遇到的一些人。最开始我是最基层的工作人员，后来带队做了一个小头头。但是除了评估委员会的那些大腕——我在洛斯阿拉莫斯见到的那些科学家，我还认识了其他一些很伟大的科学家，能认识那么多杰出的物理学家，可以说是我人生一大幸事。他们的名字我以前都听说过，名气或大或小，但是顶尖的科学家全都来过洛斯阿拉莫斯。这里头当然包括费米[1]。第一次他是从芝加哥过来的，给我们当了一阵顾问：如果我们有什么问题，他可以帮助我们解决。我们和他一起开过会，当时我负责一些计算工作，并且取得了一些成果。这些计算很复杂，算起来很困难。一般来说，我是这方面的专家，我总能预料到计算结果；或者在得到结果后，我总能解释结果为什么是这样。但那一回的计算太复杂了，我不能解释为什么会这样。于是我告诉费米我正在处理这个问题，并开始计算——他说："等等，在你告诉我结果之前，让我想想。"接着，他会这样说，结果应该是这样（他是对的），他还能指出原因是什么。他的解释非常清晰明了……你看，他在做我所擅长的事情，而且做得比我好上10倍。他给我好好上了一课。

还有就是冯·诺依曼，他是个大数学家。在学术上，他这人有超乎寻常的洞察力，他建议我不要花太多的时间钻研这里的事情。我们用计算机计算时，会发现一些很有趣的现象，可是，这些现象的出现好像不太规律，他就给我们解释其中的原因。那真是非常好的一个专业建议。星期天或其他一些时间，我们经常会结伴去散步，放松一下。附近的峡谷是我们常去的地方，平常和我们一起散步的有贝特、冯·诺依曼和巴赫（Bacher）。和他们一起散步真是一大乐事。冯·诺依曼的一个想法很有意思：你没有义务为你所在的这个

<hr>

(1) 恩利克·费米（Enrico Fermi, 1901—1954），因其证实了中子轰击会产生新的放射性物质及相关问题，被授予1938年诺贝尔物理学奖。1942年12月，芝加哥大学启动了世界上第一个可控核反应堆，他是负责人。——编注

世界负责。这是他教会我的一件事情。冯·诺依曼的这个忠告，让我卸掉了一个普通个体无法承受之重——就一个个体背负整个社会的责任而言。从此之后，我变成了一个很快乐的人。这是冯·诺依曼在我心里种下的种子，他教会我不用把全世界的痛苦都背在自己身上。

我还认识了尼尔斯·玻尔[(1)]，很有意思。那时候，他的名字还是尼古拉斯·贝克，他是和他的儿子吉姆·贝克一起来的，他儿子现在的名字叫阿格[(2)]。他们从丹麦过来做访学。大家都知道，他们父子俩都是非常有名的物理学家。对其他所有物理学大腕而言，玻尔简直就是一个神，他们在玻尔面前都要俯耳倾听。他要在讨论会上发言，我们大家都去了，每个人都想一睹伟大的玻尔的风采。会场上人很多，我坐在后面的一个角落里。会上，我们谈了原子弹的一些问题，现场还展开了一些讨论。那是我第一次见玻尔。从他进场，直到最后他走出会场，整个过程中，我只能坐在一个角落里，在密密匝匝的脑后勺的缝隙里看玻尔一眼。第二天他还要来。在那天早上，我接到一个电话："你好，是费曼吗？""是的。""我是吉姆·贝克，"那是玻尔的儿子，"我父亲和我想跟你谈谈。""我？我是费曼，我只是个……""没错，就是你。"于是，早上8点，在别人还没有察觉的情况下，我去赴约了。我们走进技术区的一间办公室，玻尔说："我们正在考虑一个问题，怎样让原子弹的威力更大，我们想到了这些办法……"我说："不行，这没用，不会有效果的……"他又问："那么，这样行不行？"我说："听起来稍微好一点点，但是这个地方根本行不通。"我们就这么反复讨论。在这种事上，我总是不开窍，我从来没有意识到自己是跟这些大人物说话。我眼睛里只

(1) 尼尔斯·玻尔（Niels Bohr 1885—1962），因其对原子结构及原子辐射的研究，获得1922年诺贝尔物理学奖。——编注

(2) 阿格·玻尔（Arge Bohr 1922—2009），1975年诺贝尔物理学奖获得者，他与本·莫特尔森和詹姆斯·雷恩沃特因原子核结构理论一起获得当年的诺贝尔物理学奖。——编注

有物理，如果我觉得一个想法很糟糕，我就会直说；如果某个想法很好，我也会直接说好。我说话就是这么直截了当，我一向如此。如果你也能做到这一点，你就会知道，这么做感觉很好、很痛快。我很幸运，就像我在图纸那件事上那样幸运——我能够做到这一点，我很幸运。我们就这样讨论了两个小时左右，前前后后讨论了许多想法，你来我往，争论了半天。伟大的玻尔一直拿着烟斗在点烟，那火老灭。他说话我不大听得懂，咕噜咕噜的，很难懂。他儿子的话倒是容易理解一些。最后，他说："好了，"他点上烟斗，"我想，现在可以叫那些大人物过来了。"于是他们把其他所有人召集过来，开始讨论。他儿子后来告诉我，事情是这样的：上一次开会时，玻尔对儿子说："你记得坐在后面那个小家伙的名字吗？他是唯一不怕我的人，如果我的想法不靠谱的话，他会直说出来。所以下次我们要讨论问题时，不能和那些人谈，他们只会说'对，对，玻尔博士'。先找那个家伙，我们先和他谈谈。"

我们完成计算后，接下来的事当然就是做试验。我们必须做这个试验。那时我正好在家休短假，因为我的夫人去世了。洛斯阿拉莫斯寄来一封信，上面说："孩子要出生了，预产期是某天。"我马上飞了回去，我刚赶到那里的时候，班车正要出发去试爆现场，我连自己的房间都没进就上车了。到了阿拉莫戈多，我们远远地在一个地方等着，离中心现场有 20 英里远。我们有个无线电收音机，我们要通过它了解前方的情况，比如试验什么时候开始，等等。一开始，收音机不能正常工作，我们对前方的情况一无所知。一直到预定试爆时间的前几分钟，收音机才开始工作，他们告诉我们还有 20秒就试验了。他们给离现场较远的人们发了墨镜，比如我们——有些人离得要近一些，6 英里——你可以戴上墨镜来看试爆现场。我们离试爆现场 20 英里，这么远的距离，居然还给我们发墨镜！你拿到一副墨镜——其实透过墨镜你什么也看不到。我想到一点，真正会伤害眼睛的光线只有紫外线，而绝不是强光。于是我进了一辆卡车，躲在挡风玻璃后面，紫外线穿不过玻璃，这样我就安全了，而且我还可以看到想看的东西。而其他人绝对看不到。好了，时间到了，那儿出现了巨大的闪光，如此耀眼，我很快在卡车的地板上看到了一个紫色光斑。我说："不对，那是视觉后像。"我探起身，看见那道白光逐渐变成黄色，再变成橘色。空中出现了蘑菇云，然后又消失了，那是因为冲击波作用下空气被挤压和膨胀的结果。最后，出现了一个橘红色大球，中心非常明亮，这个橘红色大球开始上升，小幅度翻滚着，球体边缘有点发暗。你会发现，这是一大团烟雾，里面的火焰往外喷射光和热量。我看到了这一切，而这一切的发生其实只在一瞬间，整个过程大概也就一分钟吧。这个从异常明亮变暗的整个过程，我都看到了。我恐怕是唯一真正看到这个过程的人，第一次"三位一体核试"[1]。我身边的人都戴着墨镜，而 6 英里处的人也不可能看到这个过程，因为他们都被要求躺在地上、闭上眼睛，所以没有人看到这幅景象。和我在一起的人都戴上了墨镜，我是唯一用肉眼直视爆炸现场的人。最后，大约一分半钟之后，突然传来一声巨响，"嗡"的一声，然后是一阵摇晃，像打雷一样，这让我相信原子弹确实爆炸成功了。整个过程，在这一分钟内，没有人说一句话，大家只是静静地看着那个地方。但是这一声爆炸终于让大家松了一口气，我心里的石头也放下了，因为隔这么远传来如此真切的一声巨响，这意味着试验真的成功了。当声音传来时，站在我身边的一个人问我："那是什么东西？"我说："那是原子弹。"那个人是《纽约时报》的威廉·劳伦斯（William Laurence），他是来采访的。他要写一篇文章，记述整个过程。我负责接待他，结果我发现，对他来说，要了解这个事件，技术性太强了。

---

(1) Trinity Test 是第一次原子弹试爆试验的代号。Trinity,（基督教）三位一体。——译注

后来，普林斯顿的史密斯先生来了，我带着他参观洛斯阿拉莫斯。有一天，我们走进一个房间，在一个架子的最里头，看到一个小球，比这个尺寸稍微小一点，有这么大，镀了银似的——你把手放在上面，那是温热的。它有放射性，那是钚。我们站在门口，谈论起那个小球。这是一种新元素，人造的新元素，地球上不存在——也许在地球形成初期曾经短暂存在过。在这房间里，它与世隔离，有放射性，还有别的一些属性。我们造出了这种元素，它是无价之宝，无与伦比。你也知道，人们说话的时候，手脚免不了有些小动作。史密斯先生一下一下踢着门挡，我说，这门挡可比这门更配这个房间。那个门挡是半球形的，用一种黄色的金属做的——其实就是黄金，用黄金做成的这么大的一个半球形物体。情况是这样的：我们需要做一个实验，为了节省中子起见，我们要看看不同的材料反射中子的情况，所以我们没有用太多的钚。我们用很多金属做实验，比如铂金、锌，还有铜和黄金。实验中要用到金子，所以我们就有了一些金片。有人就想出了一个绝妙的主意，用这些金子做成一个门挡，守护着门里边的钚，这真是绝配。

原子弹成功爆炸，我们得到确切消息后，洛斯阿拉莫斯顿时沸腾了。所有人都在狂欢，我们开着车到处跑。我坐在一辆吉普车背上敲鼓庆祝胜利。我记得，只有一个人除外，鲍勃·威尔逊，是他把我拉进这个项目的。他坐在那儿，闷闷不乐。我问他："你怎么高兴不起来？"他说："我们造出了一个可怕的东西。"我说："可是，一切都是你牵头的，是你把我们拉进来的。"你知道，对我来说，对我们其他人来说，为了一个正义的事业，我们投身到这项工作中，我们很努力地工作，结果也很圆满，这是一件值得高兴的事，很激动人心。你不再去思考，是的，你停止思考了。在刚开始的时候，你还能思考一些问题，之后就不去想了。所以，他是唯一在那个特殊的时刻还在思考的人。不久，我回到外面的世界，去康奈尔教物理。

当时，我有一个很奇怪的念头，我自己也不知道是什么原因，但我那时的感觉很强烈。比如，有一天，我坐在纽约的一个餐馆里，看着外面的建筑，我会想，在广岛爆炸的原子弹，它的破坏半径有多大？能覆盖从这里到第 34 街的范围吗？所有在这个范围内的建筑，都会被夷为平地。我会想到这些事情。我的想法很奇怪。我在大街上走着，看见人们在造桥，或者在修一条新路，我就会想，他们真是不可理喻，他们不懂，他们就是不懂。（这个世界都快要不存在了）他们为什么还要铺桥修路？这都毫无意义。但幸运的是，我担心的事情在过去的 30 年里没有发生，不是吗？也许，在接下来的 30 年里也不会发生。前 30 年，我认为铺桥修路全无意义，很明显，我错了。我很高兴其他人能够一直往前走。但是，完成原子弹研究工作后，我就是觉得，做什么都是毫无意义的。谢谢诸位。

提问：能不能说说保险柜的故事？

费曼：噢，保险柜的故事有很多。如果你给我 10 分钟时间，我给你们讲三个故事，怎么样？起初开文件柜、开锁，最后我对所有上了保险的东西都有兴趣。有人教过我怎么开锁。他们给大家配了使用组合密码锁的柜子。我这人有个毛病，这辈子也改不掉，那就是，我总想去解开谜团。每个人都配了那种文件柜，我们的资料就放在里面。那些文件柜上的密码锁 —— 莫斯勒锁具公司生产的密码锁 —— 对我来说是个挑战。到底怎样才能打开这些锁？于是我就整天琢磨它们，研究它们。关于开锁，有很多传奇故事，比如，怎么感知密码，如何听出密码，等等。这都是真的，我能懂，而且领悟很深。但是，这套方法只对老式保险柜起作用。现在他们有了新的办法，在你转动密码盘的时候，没有东西顶着它了。在这里，我就不谈技术细节了。总而言之，所有老办法都失效了。我会去读锁匠们写的书，书里一上来就讲他们怎么擅长开锁，最惊险的故事就是：

女人关在保险柜里，保险柜掉进水里，女人快要淹死了，然后他打开了保险柜。就是这些有噱头的故事。书的后面，他就讲自己是怎么做到这一点的，但是他不会告诉你任何真材实料，看起来，他们不可能真的能用那些方法开锁，比如，根据保险柜主人的心理特点猜出密码！我总是猜测，他们可能还是留了一手。不管怎么说，我还是坚持研究。真像是着魔了，我一直死磕这些事情，不肯撒手，直到有了一些发现。首先，我弄清楚了有待破译的密码组合的大致范围，以及怎样去接近这个范围。然后我发明了一套办法，用这套方法，你可以去试所有必须尝试的密码组合。一共有 8000 种！因为任意两个数字为一组，一共 3 个组合；而且我发现，只要试 5 的倍数就可以，也就是说 100 以内的数字，有 20 种可能，那么 3 组密码的可能组合形式有 8000 种（20 × 20 × 20）。然后我又想出一个方案：保持我设定的一组数字不变，转动密码盘，我可以在 8 个小时内，试完所有的密码组合。接着，我又有了进一步的发现 —— 这大概花了我两年的时间 —— 你知道，我在那里无事可干，就自己找些事情消遣 —— 最终我发现了一个方法，可以轻轻松松拿到密码，在保险柜开着的时候，密码的最后两组数字是可以找出来的。你拉开抽屉，转动密码盘，就可以看着那根锁栓抬起来，你再转几圈，就可以看到，转到哪个数字锁栓会抬起来，转到另一个数字时锁栓会落下去，等等。用这个小窍门，你就可以拿到一部分密码。我就下功夫苦练，就像打牌的人练习洗牌一样，一直在练，算得上"拳不离手，曲不离口"。我的动作越来越快，也越来越不露痕迹。我走进一个同事的房间，倚在那人的文件柜上和他闲谈，就像我现在把玩着手表一样，你甚至不会注意到我在做什么。确实，我什么也没干，我就是用手拨弄着密码盘玩，就这样拨弄着。神不知鬼不觉地，我已经把两组密码搞到手了！然后，我回到办公室，赶紧记下那两组数字，三组数字中的后面两组。好了，如果已经知道了后两组数字，那么你只需要一分钟就可以找出第一组数字了，因为只有 20 种可能。对吧？

就这样，我开锁出了名。他们会来找我："施穆尔茨（Schmultz）先生出城了，我们想从他的保险柜里拿一份材料。你能打开柜子吗？"我会说："没问题，我能打开。我去拿工具。"（其实我根本不需要什么工具，）我只需要回到自己的办公室，找一下他保险柜的最后两组密码。我有那两组密码，我知道那里所有人的保险柜的后两组密码，全都存放在办公室里。然后，我拿了一把螺丝刀放在裤子后面的兜里，权当是要用到的工具。到了那个要开保险柜的房间，我会关上门——我的意思是，开保险柜这活儿，不能让大家都学会，因为这会带来安全隐患，如果每个人都知道怎么开保险柜，那就太危险了。关上门以后，我就坐下来，看看杂志，或者做点其他什么事情。一般我会耗上 20 分钟时间，然后再去开锁，很快就能打开保险柜，一切都很顺利。之后，我再在房间里待上 20 分钟，让他们觉得开锁并不是一件容易的事情，也给自己挣点好名声。其实，这算不上要花招，我没耍花招。最后，我走出来，带着点出了些汗的模样，对他们说："好了，打开啦。你们过来看看。"呵呵。

但是也有一次，情况比较特殊，我完全是靠运气才打开的保险柜，而且它让我名气更大了。那件事情挺轰动的，不过那完全归功于我的运气，与图纸那件事一样，我很走运。战争结束后——我现在可以告诉你们这些事情——战争结束后，我要回洛斯阿拉莫斯把一些论文写完。在那个地方，我又开了好几次保险柜——凭这些事，我可以写一本"开保险柜指南"一类的书，它会比任何一本教人开保险柜的书都要精彩。在书的开头，我会讲述自己如何在不知道组合密码的情况下愣是打开了保险柜，那个保险柜里保存的东西，比任何一个曾经被撬开的保险柜里的东西都要机密。那里存放着原子弹的秘密，关于原子弹的所有秘密，包括方程式、铀的中子释放率、造一个原子弹需要多少铀，所有的理论，所有的计算，所有关键的资料都在那里！

这件事是这样的：我准备写个报告，而我需要一份材料。那是一个星期六，我还以为大家都上班，就像以前一样。所以我就去图书馆借资料。洛斯阿拉莫斯的图书馆中收藏着所有文件，那些资料就放在一个很大的保险库里，门上装着一个大号的旋钮，样子很奇特。我对这种开关装置一无所知。开文件柜，我很精通，可我仅仅是个开文件柜的行家。此外，保险库前面还有背着枪的守卫在巡视。你不可能把这个保险库打开。对吧？但是，我想了想，有了！老弗雷迪·德霍夫曼（Freddy Dehoffman）在解密部工作，他负责解密文件。现在还有哪些文件需要被解密呢？所以，他不得不频繁地在图书馆和办公室之间来回奔波，这让他又累又烦。后来他想出了一个高明的办法，他把保存在洛斯阿拉莫斯图书馆的每一份文件都做了备份，并把它们放进自己的文件里。他有九个文件柜，一个挨一个放着，塞满了两个房间。那些文件柜里装满了洛斯阿拉莫斯的所有机密文件。我知道他有那些复印件，所以我可以去找德霍夫曼，请他把那份资料借给我。我去他的办公室找他。办公室的门开着，好像他很快就要回来似的；灯还亮着，说明他随时都可能回来。我只好等着。习惯成自然，我一边等着，一边快速转动文件柜上的密码盘。试试 10-20-30，不行；试试 20-40-60，也不行。所有的组合都试了，我只好在他办公室干等着，无聊透了。然后，我想起了那些开锁匠，我从来都想不通他们是怎样参透人们的心理，从而轻松开锁的，也许他们自己也没有试过，但是，他们关于人们心理的那些说法有可能都是对的。所以，我要试试——运用心理学知识来开锁。要诀第一条，那些书里写着："秘书很紧张，她害怕自己会忘记密码。"那些数字组合成的密码都告诉了她，可她有可能忘记了密码，老板可能也记不住——她必须清楚这一点。所以，她就会紧张兮兮地把密码记在什么地方。她会写在哪些地方呢？书上列出了秘书有可能记密码的地方。哈哈，最聪明的做法是马上在抽屉里找——拉出抽屉，仔细看看抽屉侧板，在外边，潦草地写着个数字，乍看像是个发票的序号。那就是密码。办公桌边上的抽屉，对吧？我记得书上是这么写的。德霍夫曼的办公桌抽屉锁着，我轻轻松松打开了抽屉的锁。紧接着，我拉开抽屉，在侧板上来回找——什么也没有。好吧，没关系。抽屉里放着很多纸，我在纸堆里翻找着，最终发现了一张精致的小纸片，上面是希腊字母表，α、β、γ、δ，等等，写得很精心。当这些科学家和秘书说到这些字母时，她们必须会写、会念。对吧？所以，秘书们人手一份这样的字母表。可是在那希腊字母表的上方，潦草地写着"$\pi = 3.14159$"。有情况，她为什么要知道 π 的数值，不需要她计算什么的呀！于是，我走到文件柜前。书上说的是真的！都是真的！不是吗？简直就像是书里的情节。我只是告诉你们，这问题是怎么解决的。我走向保险柜。31-41-59，不行。13-14-95，不行。95-14-13，也不行。14-31……20 分钟过去了，我用 π 值颠来倒去试着，但是毫无结果。于是，我从德霍夫曼的办公室往外走，这时我想起书上提到的心理学内容，我说，应该是这样！从心理上的角度看，我是对的。德霍夫曼就是那种用数学常数做密码的人。除了 π，另一个重要的数学常数是 e。于是我又转身走向文件柜，27-18-28，咔嗒，咔嗒，最后再咔嗒一声，文件柜开了。我一路开下去，所有文件柜的密码都是一样的。好了，关于保险柜还有许多故事，但这是其中很精彩的一个故事。时间已经很晚了，我们就用这个故事结束今天的演讲吧。

第四章

科学文化在现代社会中扮演什么角色？应该扮演什么角色？

这是 1964 年费曼在意大利的伽利略研讨会上对与会的科学家们发表的一篇演讲。在演讲中，费曼频频表达对伽利略的敬意，并多次提到伽利略的伟大贡献和他曾遭受的极大苦难。费曼主要谈论了科学对宗教、社会和哲学的影响，他还强调我们的质疑能力将决定文明的未来走向。

我是费曼教授，我今天穿得很正式 —— 我一般是穿着衬衫做演讲的，但是今天早晨要离开宾馆房间时，我夫人说："你必须穿正装。"我说："可是，我平常都是穿衬衫做演讲。"她说："我知道。可是，你今天连自己要讲些什么都不知道，所以，你最好给人家留个好印象……"就这样，我穿上这件西装来了。

　　今天演讲的题目是贝尔纳蒂尼教授[1] 指定的。正式演讲前，我要说明一点，以我个人的观点看，找准科学文化在现代社会的位置，这并不意味着能解决现代社会的问题。现代社会存在大量的问题，但是它们与科学在社会中的地位没有太大关系，一厢情愿认定科学和社会在某个方面应该如何理想匹配，并认为这样就相当于解决了所有社会问题，这种想法不过是痴人说梦。所以，请在座各位理解这一点，虽然我会对如何改善科学和社会的关系提一些建议，但我并不奢望这些改变能解决社会问题。

　　很多社会问题正在严重威胁着现代社会，我想重点谈谈其中一个问题，它也是今天演讲的中心内容 —— 尽管我还会讲到很多小问题 —— 我要讨论的中心话题是：我认为现代社会最大的一个危险，就是思想控制可能会卷土重来，甚至愈演愈烈，比如在希特勒和斯大林时期，还有中世纪的天主教统治时期。我觉得最大的危险就是这种态势会愈演愈烈，甚至殃及整个世界。

　　那好，说到科学和社会上的科学文化之间的关系，我们很自然

(1)　贝尔纳蒂尼教授（Benaedini）是该会议主席。——编注

就会想到一件事情，当然也是最显而易见的事情，就是科学的应用。而且，科学服务于社会，这也是一种文化。但是，今天我不打算讨论科学应用这个话题——我这么做，也没有什么特殊原因。我乐于看到这点——在科学服务社会这个问题上，时下流行的讨论话题几乎完全围绕科学的应用而展开，甚至，科学家的一些研究引发的伦理问题，同样也会经常影响技术的应用。可是，我不打算讲这些，因为还有其他一些问题很少被人谈到。另外，为了好玩起见，我想从一个稍微不同的角度来谈谈这些问题。

可是，在科学应用这个话题上，我要说的是——你们都乐于见到科学服务现实生活——科学知识创造了一种力量，一种改造世界的力量：只有当你掌握一定的科学知识后，你才能去做一些事情。但是，科学知识本身没有告诉人们应该怎样利用这种力量——怎样利用它造福人类而不是制造祸端。简而言之，我们没有科学的"使用说明书"，科学应用的实质就是对科学知识的使用进行有效管理，不要让科学给社会带来太多的危害，而是要让它尽最大可能造福社会。但是，有时科学工作者当然会辩称：这不是他们的责任，因为科学应用只代表一种潜在的能量，至于你利用它去做什么，那就是另外一码事情了。但是，在某种意义上，为人类创造这样一种力量肯定是一件好事，尽管人们还需要花费很多心思去想办法——怎样才能控制这种力量，使之造福人类而非荼毒生灵。

我是否还可以这么说，尽管我们在座的很多人都是物理学家，而且大多数人会从物理学的角度去考虑科学可能会带来哪些严重的社会问题，可是我坚信，接下来在学科应用上将要陷入道德困境的那门科学会是生物学。此外，如果说物理学（给人类）带来的是难题，那么生物学发展带来的就是很奇妙的问题了。这种可能性曾经有人撰文暗示过，举个例子来说，赫胥黎[1]写的《美丽新世界》（*Brave New World*），但是你们还可以想到更多的例子。比如说，很久以后，用物理学知识可以随心所欲地生产能源；生产食物纯粹就是化学的事情——利用原子本身具有的能量，用一定的方式把原子组合起来。人类制造的废物那么多，人们就可以利用那些物质来生产食物，由于物质守恒的缘故，所谓的粮食问题也就不复存在了。当我们找到控制遗传的办法后，严肃的社会问题就会出现——比如，我们怎样利用这个技术去控制物种的繁衍，发挥的作用是好还是坏？设想一下，假如我们要去寻找快乐或其他情绪的生理学基础，或是寻找（一个人）雄心勃勃的生理学机制，你可以想象一下，未来我们能够控制一个人的心理，既可以把他变成野心家，也可以让他胸无大志、庸庸碌碌。那么，最终的结局就是整个世界的覆灭。

整个生物学中最引人注目的一点就是生物的死亡必然性得不到验证。如果你说，我们要造永动机，可是通过物理学研究，我们之前发现的很多物理学定律都指出：永动机绝不可能存在——除非这些定律全都错了。但是，在生物学中还没有生物必定死亡的定论。我想，死亡并不是完全不可避免的，生物学家早晚会有所发现，这只是个时间问题而已——他们会找到给我们身体制造麻烦的罪魁祸首，那些可怕的疾病终将被治愈，而人类的肉身也将永恒不朽。总之，你会看到，生物学将给我们的生活带来梦幻般的改变。

现在，我想从一个不同的角度来谈这个问题。

除了科学应用的问题，还有思想层面的问题。思想分为两类，

---

(1) 阿道司·赫胥黎（Aldous Huxley, 1894—1963），英国作家，父亲是生物学家，1932 年创作的长篇小说《美丽新世界》是其代表作。该书主要描绘了科学主义的乌托邦，在机械文明下的未来社会中，人的"人"性被机械剥夺殆尽，处于"幸福"状态的人们以几种种姓产生于工业化的育婴房，接受种种安于现状的教育，热爱机械化的工作与生活方式的未来生活。——译注

其中一类是科学本身的产物，也就是科学发展带来的世界观的变化。从某些方面看，这是整个科学研究最光彩夺目的那个部分。而有些人会说："哦，不，科学方法才是最精华的那个部分。"我的看法是，这取决于你看重的是（研究）结果还是（研究）方法，但是科学的研究方法会带来美妙的结果。我不想大谈细节，免得让大家生厌（当然，假如我解释得好的话，你们也不会厌烦）。可是，在座各位都知道科学的神奇——我演讲的对象不是普通大众——所以我不打算讲一些客观事实让你们再次热血沸腾。这些事实不外乎这些内容：我们都是由原子构成的，浩瀚时空的大背景下，我们人类不过是一系列奇妙的生物进化的结果。我们在生物进化进程中的地位——说得透彻一些，尽管我们说自己是万物之灵，其实人类只是生物进化进程的一部分——从这个意义上讲，科学赋予人们的世界观中最了不起的一点就是它的一视同仁（普适性）。整个生物学里最有希望成立的一个假设就是：动物做的任何事情，或者生物的任何行为，都可以从原子的性能这个层面去理解，也就是说，最终以物理定律去解释世间万事万物，而科学家一直以来对这种可能性倾注了很大的热情——到目前为止，还没有什么例外情况出现——对于这种机制是如何运行的，他们也一再提出自己的设想。因此，我们的知识具有普适性这个事实，其实并没有被人们广泛接受。人们同样不理解的是，现有理论体系如此完整，我们还要费心去寻找不符合这些理论的特殊例子，而且我们发现，要找到这些例子确实很困难——至少在物理学领域是这样——此外，还要耗费巨资使用那些昂贵的设备，而这一切就是为了找到与已知科学原理相悖的例子！然而，关于这个奇妙的世界的描述还有一点很激动人心，那就是天上的星星是由原子构成的，而地上的奶牛和我们人类自己，同样也是由原子构成的，还有，石头也是由原子构成的！

一直以来，我们都想和科学圈外的朋友们介绍这种世界观，但是我们常常会遇到困难，因为他们对基本的科学知识一无所知，而我们却试图向他们介绍最新的科研发现，比如解释 CP 守恒 [1] 是什么意思，这反倒让我们自己很困惑。伽利略之后的这 400 年间，我们一直都在收集关于这个世界的信息，而这些知识是伽利略时代的人们根本无从知晓的信息。现在我们正在做的事情却是大肆挑战现有科学知识体系的边界。那些登在报纸上的科学知识，看似可能激发成年人的想象力，可那些知识往往是成年人不可能理解的，因为他们从未学习过任何基础的科学知识——那些早前科学家发现的、（对科学家们来说）有趣得多的、众所周知的知识。谢天谢地，这种情况还没有发生在孩子们身上——至少在他们长大成人之前。

我要说，我想你们一定也能看到，人们——我说的是普通大众，绝大多数人，绝大多数的大众——他们对于自己所在的这个世界的科学全然懵懂无知，而且丝毫不以此为耻，继续浑浑噩噩过日了，既可悲又可怜。我不是责骂他们，我的意思是他们竟然没有丝毫不安，竟然能够继续这样生活下去——我已经说得很委婉了——因此，每当他们看到报纸上出现 CP 这些字眼，他们就会问"CP 是什么"。这本身就是一个关于科学和现代社会关系的有趣的问题：这么多常识他们都不懂，生活在这个现代社会，他们怎么还能继续无知下去，过得还挺逍遥快活？

附带说一下，在对待知识和奇迹这个问题上，贝尔纳蒂尼先生认为我们应该传授知识，而不是告诉人们会发生奇迹。

知识和奇迹这两个词的意义不同。我认为，我们应该告诉人们会发生什么样的奇迹，而且传授知识的目的也正是为了更好地理解

(1) CP 守恒：电荷和宇称守恒，这是物理学最基本的一个守恒定律，宇称是亚原子粒子的一种内在对称属性，该理论认为粒子相互作用前后的电荷和宇称总量保持不变。——编注（演讲当时 CP 守恒还被认为是正确的，但是就在 1964 年詹姆斯·克罗宁和瓦尔·菲奇实验发现在弱相互作用下 CP 不守恒，为此他们于 1980 年获得诺贝尔奖。——译注）

奇迹。学习知识正是在一个合适的框架内学习大自然的奇迹。不过，他很可能认为我只是在玩一个文字游戏，并把探讨问题转变成去纠结字词的含义。不管怎样，我只是想回答这样一个问题：身处现代社会，为什么这些民众能够一直无知下去，正常生活还不会受到影响？我的回答是：科学（和社会）是脱节的。稍后我会解释一下其中的原因。其实，本来不应该出现这样的情况，而科学（和社会）脱节这种局面是我们自己造成的。我后面会讲到这一点的。

就科学与社会的关系而言，除了科学的应用和一些已经发现的问题，还有其他一些重要的方面也出了问题，这就是科学理念以及科学研究的技巧——你也可以称之为科学研究方法。我很奇怪，人们为什么没能早一点发现这些显而易见的研究方法呢？至于那些简单的理念，只要你试着去用一下，马上能知道它们的好处。也许是因为人类是从动物进化过来的，其心智进化的过程就像人们新发明了一种工具，它还有各种缺陷，用起来也不是很顺手。人类特有的心智有缺陷——其中一点就是它会被自己的迷信思想蒙蔽和迷惑。科学方法的发现最终为它找到了一条出路，使其能够反映客观世界，这样科学家才能朝某个研究方向迈出一小步，取得些许的进步，而不是一直兜圈子、止步不前。我觉得，今天在这里探讨这个问题非常应景，正是伽利略开启了这种科学新发现的先河。当然，你们都知道这些科学理念和方法。接下来我要做个回顾——同样地，这些内容也需要你们详细讲解，因为你面对的是不从事科学研究的普通民众。但在这里，我只是简单提一下，大家也就知道我要重点谈论哪些问题了。

第一件事是检验证据——呃，第一件事应该是：一开始你肯定是不知道答案的。也就是说，你开始工作的时候并不知道答案是什么。这一点非常、非常重要，重要到我要再多花些时间、深入谈谈这个话题。一开始的时候，你面对的问题必须是有疑问的、不确定的，如果你已经知道了答案，那就没有必要去收集任何证据了。首先是有一个不确定的问题，下一步就是寻找证据，科学的方法是先做试验。但是也不能忽视另外一个非常重要的方法，一个很关键的方法，那就是把所有的想法放在一起，然后尝试在你所知的这些事情里找到一种内在的逻辑联系。把你知道的所有事情联系起来，看看它们是否有内在联系，这种做法很有用处。找出不同的事物之间的内在一致性，这种尝试越多，得到的结果越好。

证据收集上来后，接下来就是检验工作，而做这项工作有个惯例：不能只挑选自己喜欢的证据，而是要考虑所有证据，要做到客观对待——足以让检验工作进行下去——也不能完全依靠权威理论。权威理论或许可以提供一些帮助，帮助我们找到问题的真正答案，但是它不能提供检验工作所需的信息。因此，在可能的情况下，当观察到的情况与权威理论不一致时，我们就可以不理会那些权威理论。最后，应该客观公正地记录这些结果。客观公正这个颇有意思的词总会困扰我——因为这意味着在一个人做完所有这些事情之后，他不能任意改动结果，但这不是最重要的。这里客观公正的意思是：你汇报的那些内容不能影响读者的判断，要避免与证据显示的情况有出入。

我想你们都理解我说的这些。

所有这些做法、所有这些思想和所有这些研究方法，都根植在伽利略的精神之中。我们在这里正庆祝伽利略的诞辰，我们说的这些观察事物的方法，其发展和传播离不开他的贡献，最重要的是，他向我们展示了这些方法的力量。不论是在任何一个百年诞辰纪念日，或是400年诞辰纪念日，总有一天人们会这么想：如果这个人现在就站在这里，我们带他看看现在的这个世界，那么，他会说些什么呢？当然，你们会说，这种陈词滥调，你不应该在演讲时提这个。但是，我接下来就要说说这个事情。假设伽利略现在就站在这里，我们向他介绍当今这个世界的现状，我们想努力让他高兴，或者想知道他的看法。我们会告诉他这些：我们如何对待证据，以及他开创的那些判断事物的方法在当今运用的情况。我们也会告诉他，我们依然忠实恪守他的那一套做法——这已经是科学工作的传统了——这甚至体现在一些具体做法上，比如数值测量等，它们现在还是很好的研究工具，至少在物理学领域是这样。还有，现代科学直接从他的科学思想和科学精神中汲取营养，一直在蓬勃发展。而科学发展的结果，就是如今不会再有巫婆和鬼魂了。

确实，我说定量研究对科学非常有帮助，但是，这里有一个对科学的定义问题。伽利略曾经为之殚思竭虑、呕心沥血的那些学科，如物理学和力学等，现在无疑已经发展得很好了，此外，这些方法也推动了生物学、历史学、地理学和人类学等学科的发展。正是借助这些研究方法，我们了解了很多人类的历史和动物的历史，还有地球的历史。同样的研究体系还应用于经济学，从而也推动了该学科的发展——由于一些现实困难，其作用发挥不是很彻底。但是，在某些领域，人们并没有认真对待这种研究方法，只是嘴上说自己做了定量研究，可是很多人只是走个过场而已。把这些情况告诉伽利略先生，我会感到很羞愧，但是这就是实情，比如在社会科学领域，定量研究确实做得不好。拿我个人的经历为例——正如大家所知，对于教学方法的研究，尤其是算术的教学，目前有一箩筐的研究，但是如果你想找出大家都认可的说法，即"某种算术教学法比其他方法要好"，你会发现，虽然有不计其数的研究和大量的统计数据，但是它们根本不成体系、各说各话，所谓的研究不过是拼凑了一些趣闻逸事，完全不去控制变量的实验和变量控制得很差劲的实验罢了，其"研究"结果几乎没有什么有价值的信息。

最后，我想请伽利略看看我们现在的世界，我必须让他看一些东西，虽然这样做会让我备感羞愧。如果我们把目光从科学转到身边的世界，我们就会发现一些很遗憾的事情：我们生活的这个地方迷信思想大行其道，比比皆是。伽利略会说了："我观察过的，木星（Jupiter，以罗马神话中的众神之王朱庇特命名）是一个拥有好几个卫星的星球，它不是什么天神。有没有人告诉我，占星师到底是怎么回事？"他们把占卜结果印在报纸上，至少在美国是这样，每天各种日报都会刊登他们的占卜结果。时至今日，占星师为什么还有市场？怎么还会有人写这样的书，比如《冲突的世界》（*Worlds in Collision*）这本书，那个作者的名字是以"V"开头的，这是个俄国名字吧？什么？叫 Vininkowski[1]？这书怎么还成了畅销书？那些和玛丽·布罗迪（Mary Brody）有关的胡扯究竟是怎么回事？我不知道，那都是些荒唐可笑的东西。这个世界总有数不胜数的荒唐事情。换句话说，我们生活的这个地方迷信思想大行其道，比比皆是。现在还有人在谈论心灵感应，尽管它快要没有市场了。信仰治疗也是日嚣尘上，影响很广，他们还有一全套宗教理论。据说法国的卢尔德[2]出现过圣迹，人们一直去那里朝圣，期望治愈疾病。这样看来，占星术的那套东西也许是对的。某一天火星和金星处于一定的角度，你挑那一天去看牙，也许比其他日子疗效更好。也许卢尔德的圣迹真的能够治好你的病。但是有一点大家要注意，如果那是真的，我们就应该展开调查。为什么呢？为了提高疗效呀。如果那是真的，也许我们能够发现星相是否真的会影响人生，通过统计调查，通过科学、客观和仔细地检验证据，我们也许可以提升整个"治疗"体系的效力。假如在卢尔德接受治疗果真有效，那么就有一个问题：病人应该站在离圣迹多远的地方才有最佳疗效呢？

---

(1) 其实那个人名是 Immanuel Velikovsky，《冲突的世界》1950 年由纽约双日出版社出版。——编注

(2) 卢尔德（Lourdes），法国南部小镇，位于接近西班牙边界的波河（Gave de Pau）的岸边，传闻圣女马利亚曾在此地指引一女孩找到能治愈疾病的泉源，因而闻名世界。——译注

他们是否操作不当，以至于灵力对站在后面的人没有发挥作用？又或者，那个地方这么灵验，圣迹边上是否还有大量的空间可以安排更多的人？又或者，是否有这种可能性，和圣人接触能治好病——最近在美国不少人被推崇为圣人——其中一个圣人没有触碰患者就治好了那人的白血病，看来是用来连接病人床单的缎带提高了治愈白血病的概率（此前缎带接触过那个圣人的一些物件）。现在的问题是，缎带的灵力会不会渐渐消退？你们听了可能会发笑，但是，如果你坚信信仰治疗这事是真的，那么你就有责任去做调查研究，努力提高它的疗效，让接受治疗的人都能满意而归，而不是让它沦为骗人的伎俩。比如说，假如事实证明，那根缎带在使用一百次后就不再起作用。当然，调查结果也有可能是其他结果，也就是说，这件事根本就是子虚乌有的！

我要提一下困扰我的另一件事，那就是，现代的神学家们竟然能够煞有介事地探讨一些事情，而丝毫不感到羞耻。他们可以探讨很多问题而不会感到羞愧，但是他们在宗教研讨会上讨论的一些事情，以及必须（经过讨论）得出的所谓结论，身处现代社会，这些事情着实荒唐可笑。我要解释的是，（改变现状）面临的一个困难，也就是这种现状得以持续下去的一个原因，是人们没有意识到，这些事情中哪怕只有一件事被证实是真的，那就会颠覆我们的世界观。如果你能够证明这是真的——无须证明整个占星术是确凿可信的，只需要证明其中的一丁点儿说法——这就会极大影响我们对整个世界的理解。刚才大家都笑了，因为我们坚信自己对世界的理解是对的，那些说法肯定影响不了我们。从另一方面看，我们为什么不能清除这些观念呢？可能一时还做不到这一点，我稍后会解释原因——我前面也说过，科学与占星术各不相干（上文提过"科学和社会脱节"——译注）。

接着，我再谈谈一件事情——虽然还有争议，但是我仍然相信这一点——在检验证据和报告证据以及诸如此类的事情时，科学家们应该对同行负有某种责任，你也可以称之为一种科学职业道德。怎样提交研究结果才是正确的呢？哪些做法又是错误的呢？那就要求做到客观真实，这样别人才有可能准确理解你的研究报告，这样他们才会尽可能不受你的偏好影响。这一点非常有意义，它可以帮助我们理解对方的想法。我们做研究，不是出于个人的利益，而是为了推动整个思想观念的进步——事实上，这是一件很有意义的事。所以，你得承认，这是科学研究的一种职业道德。我认为，更多的科学家应该具备这种职业道德——虽然明知现实情况不大乐观。这种想法，这样一种科学职业道德，一旦沦为"（政治）宣传"的工具，可能就不是什么褒义词了。一个国家任由另一个国家去评说，还要求做到公道、不偏不倚，这是怎样一种怪状啊——简直比卢尔德的圣迹还要匪夷所思！广告就是一个例子，它对产品的描述极尽渲染之能事，既不科学也不道德。这种无视科学道德的情况可谓泛滥成灾，而人们对此已经司空见惯，最后也不觉得这是一件坏事。所以我想，要加强科学家和大众联系的一个重要原因，就是要担负起科普的责任，也就是唤醒他们的科学意识，不能任由民众总是无知无觉，或是容易听信一些哗众取宠的言论，那会对民众的心智造成永久性的损伤。

科学的方法对另外一些事也有帮助，那些事情很清楚明了，却变得越来越难以商讨——比如做决策。我并不是说应该利用科学计算工具做决策——像美国的兰德公司[1]那样埋头计算。这让我想起大学二年级在我们谈论女人的时候，发现用电学的术语——比如阻抗、磁阻和电阻——就能把事情看得更透彻一些。当今世界另外一件让科学家胆战心惊的事情，是一个国家选领导人的方式——每一

————
(1) 兰德公司（Rand Company），是美国最重要的以军事为主的综合性战略研究机构。——译注

个国家都不例外。举个例子，当今美国的两大政党都会聘请公关专家，也就是职业广告人。这些人训练有素，为了达到某个目的，他们知道什么时候必须说真话、哪些场合应该撒谎。这已经背离了选举的初衷。他们本来应该去指点江山，而不光是绞尽脑汁想政治口号。而事实上，如果你回顾一下美国历史，尽管时局不同，但是很多政治人物都要靠政治口号才能当选。（我敢肯定一点，现在两大政党在银行都存了上百万美元的专项资金，所以，到时各自亮出一些轻易俘获民心的选举口号自然不在话下）。但是，现在我没有办法提供一个经过完全统计后的数据。

我一直都在说科学（和占星术）是"各不相干"。这听起来有些奇怪，我想再回到这个话题。科学当然和占星术有关联，（研究对象一致）——而基于我们对这个世界的理解，我们无法理解占星术何以受大众追捧——所以在一点上，两者是有关联的。但是，对于那些信奉占星术的人来说，科学和他们没有什么关系，因为科学家从来不屑于跟他们辩论这些话题。至于信仰治疗的追随者，他们也根本不必担心科学来挑战他们相信的那一套，因为没有科学家会特意来砸场子。如果你不喜欢科学，你大可不必去学。如果你觉得学习科学知识太费脑子——对一般人来说，确实如此——你完全可以把它置之脑后。为什么人们会把科学置之脑后呢？那是因为，我们科学家还没有行动起来。我认为，我们必须讨伐那些我们科学家们不相信的事情。我们不会动用砍头这种方式，而是要发起大辩论。我觉得，应该是时候要求人们开动脑子了，他们对这个世界的认知应该更加完整，而不应该随波逐流，什么奇怪的说法都全盘接受，更有甚者，脑子里同时装着两种对立的看法，却不肯稍微动脑子去认真想一想——那是对人类大脑的浪费。因为我们知道，如果我们把自己脑子里所有的观点都摆在一起，一一对比和相互印证，这样就会更加明白自己的处境以及"我们是谁"这个问题。科学之所以到今天还"置身事外"，我认为原因就在于：我们一直不主动去做科普工作，一直等到别人向我们请教，才开口解释一些问题，结果等到现在，有人邀请我们去讲讲爱因斯坦的理论，结果却发现听众是一些连牛顿力学都不懂的人！但是，从来没有人邀请我们去抨击一下信仰治疗或占星术——有没有人邀请我们去讲讲"当今如何以科学的眼光看待占星术"？

我想，我们科学家需要做的，主要是写一些文章。那会有什么效果呢？这样会制造一个社会大辩论的氛围。相信占星术的人就需要去学点天文学，而相信信仰疗法的人，可能就不得不去学一点医学和生物学知识。换句话说，要让科学和它们产生联系，就必然这么做。我曾经看到这样一句话：科学只要不攻击宗教，一切都好说。这句话启发了我，这让我意识到科学游离于大众之外这个问题的严重性。（照那个思路，）只要科学不攻击宗教，人们就不会去关注它，也就没有人会去学习一些科学知识。这样一来，除了科学的一些应用，科学和现代社会就没有什么联系了，乏人问津。而我们的处境就很尴尬，拼命向人们解释一些他们不想去了解的东西。但是，如果他们想为自己的观点辩护，那么，他们就不得不学一点点你的东西。所以我想提醒诸位——也许我这个想法不对，或者根本就是错的——我们过于礼让了。历史上有段时期，人们曾经辩论过这些问题。那时候，教廷觉得伽利略的观点是对教廷的攻击，而现在，教廷觉得当今的科学观点对他们没有什么威胁。没有人把科学视为心头大患，没有人对不科学的"理论"发起攻击。我是说，没人撰写文章，指出当今人们信奉的神学和科学矛盾的地方——更不用说，有些科学家连自己的宗教信仰和从事的科学工作之间的矛盾都无从处理。

接下来的问题，也是我今天要谈的最后一个重要的问题，确实也是我认为最重要、最严肃的主题，那就是科学的不确定性和质疑精神。科学家从来不会说很绝对的话，我们都知道这一点。还有，我们说的话都是留有余地的——只是对事情确定的程度不同而已。我们陈述一件事情时，不是判断它到底是对是错，而是它正确或错误到什么程度。"上帝存在吗？""如果要用疑问句，要问（上帝存在的）可能性有多大？"这种问法的改变让宗教人士很不安，而这正是宗教说法不科学的原因。我们必须在一个许可的不确定的范围内探讨每一个问题；更多的证据也许会提高某个观点正确的可能性，或者刚好相反。但是科学绝不会断言一种说法绝对正确或绝对错误。现在，我们都知道了，为了推动科学进步，坚持这一点是至关重要的。就质疑精神而言，我们下结论绝对要留有一定的空间，否则就没有（科学）进步，没有（个人的）长进。提不出问题就难以有长进，而提问题需要有质疑精神。人们想寻找一个绝对的结论——就像板上钉钉那样，可是没有这么确定的结论。因此，人们感到恐慌——什么都不确定，那你怎么活下去啊？其实这一点儿也不奇怪，你只是觉得自己明白所有这些事情。事实上，你做的大多数事情都是基于不完全的认知，你并不知道它们到底是怎么回事，或者世界存在的终极意义，还有其他很多事你也未必知道多少。懵懵懂懂地活着，这好像就是实际情况。

质疑精神对于自然科学的发展至为关键——它在人们与教廷的不断抗争中诞生，那时的教廷拥有绝对的权威，它提供各种问题的答案。伽利略是那场抗争的代表人物，他是最著名的斗士。虽说后来伽利略被迫宣布放弃自己的想法并公开忏悔，但是没有人把这个当回事。现在我们不用走伽利略的老路了，没人逼我们公开忏悔，宣布放弃自己的想法。事实上，我们认为这种做法很愚蠢——而在那个历史时期，教会一再要求人们做这种愚蠢的事情。我们很同情伽利略，还有苏联时期有同样遭遇的音乐家和画家。庆幸的是，这种事情近年来变少了。其实，这种公开忏悔毫无意义，不管那些人怎样精心地来谋划。在外人看来，很明显，这种事情根本无足轻重。在介绍伽利略的时候，他的忏悔无须花费时间去讨论——那只不过说明"伽利略上了年纪，而教会势力很强大"。伽利略的理论是正确的，这个事实我们不用多说，而教廷一直试图迫害他，这个才是我们要讨论的重点。

就人类的潜能而言，到目前为止，我们人类在这个星球取得的成就显得如此之少，这让我们所有人感到沮丧。过去的人们即便他们所处的那个时代是个噩梦，他们都曾经憧憬过未来。现在，他们梦想的那个未来看似已经实现了，而且在很多方面已经超越了原来的梦想，然而在更多的方面，今天我们的很多梦想还是之前人们的梦想。以前，人们曾经对这种或那种解决问题的办法寄予厚望，其中一个办法就是教育的普及——这样一来，人人都可以成为伏尔泰，我们就可以解决所有的问题了。教育普及也许是件好事，但是其结果可能有好有坏——你教给学生的可能是真理，也有可能是谬论。随着科学技术的发展，不同国家之间的沟通交流日益便捷，照理说，这肯定能够改善国家之间的关系。但是，这取决于你沟通的内容是什么——它可能是真实情况，也有可能是虚假情报；既有可能对别国进行威胁，也有可能传达善意。人们曾经强烈渴望科学能够帮助人类摆脱病痛折磨，特别是药物，好像科学家研制出来的都是灵丹妙药。有时情况确实如此，但是，我们此时此刻在这儿谈论这些问题，与此同时，有些科学家可能正躲在某个隐秘的实验室里，使尽浑身解数制造别人束手无策的病毒。今天我们也许都有这样一个梦想，认为社会全员实现经济富足就能解决一切问题。我也认为，每个人都应该拥有足够的物质财富。当然，我不会说这个目标不值得我们去努力。我说这些话，并不是说我们不应该大力发展教育，或是不应该加强交流，也不是说我们不应该追求富足的物质生活。但是，假如说靠它们就能解决这个社会的一切问题，那就值得商榷了。因为在那些经济相当发达的地区，出现了一大堆的新问题，也有可能就是那些老问题，只不过稍稍改头换面了一下——如果我们恰好对相关历史有足够了解的话。

现在我们还不是很富足，我们也没有觉得自己已经做得够好了。人们，以及各个时代的哲学家，一直在努力揭示生命的奥秘，探索生命所有的意义。因为如果我们能够发现生命的真正意义，那么我们人类所有的努力，所有奇妙而巨大的潜能，就都可以朝着一个正确的方向共同努力，这样我们就可以大步前进，取得重大胜利。因此，我们尝试用很多不同的理念去看待这个世界。但是有一个问题——整个世界的意义、生命的意义和全体人类的意义等，无数人曾经无数次回答过这个问题。但是，得出的答案都各不相同。持某种看法的人的所作所为，在持有另一种看法的人那里激起的反应是恐慌——因为他们眼睁睁地看着可怕的事情发生了：另一群人在自己对这个世界僵化的看法驱使下生生被推进了死胡同。事实上，可能正是出于这些惊魂经历，人们才看清人类的潜力竟是如此巨大。可能也是这个想法给了我们希望：假如我们能够把这股强大的力量引上正确的道路，世界就会变得美好得多。

那么，整个世界的意义何在？我们还不知道生命的意义。通过研究现有的所有观点，我们得出的结论是：我们并不知道生命的意义。但是，就在坦陈这个事实的同时，我们或许已经找到了一个突破口——在前进的道路上，只有当我们承认自己无知时，才有可能给其他想法一个机会。这样我们就不会死死抱定某些事实、某些知识和"绝对真理"不放，而是一直坚持"一切不确定"的态度——也就是说，我们会"冒个险"。英国人就是用这种方式完善了他们的政府，他们称之为"勉强应付着来"。尽管看起来相当笨拙，但是这确实是实现进步的最科学的方式。根据已定的答案来做决策，这是不科学的。要取得进步，你必须给未知领域留一些空间——仅仅是留一些空间。我们人类还处在发展的最初阶段，人类心智的发展还刚刚开始，未来要走的路还很长很长。我们不能现在就给出所有问题的答案，我们也不能把所有的人都赶向一个方向，还对他们说"这就是终极的解决方案"。守住这条底线，这是我们科学家的职责所在。否则，我们就会被人类目前有限的想象牢牢困住。我们只能做一些我们现在看来应该做的事情。如果我们总是能留一些空间供大家质疑和讨论，并在一条接近科学探索的道路上坚持前行，那样就不会陷于思想被束缚的困境。虽然，现在的情况并非如此，可是我相信这一天总会到来。我希望，到那时候，人们都会深刻意识到：政府的权力应该受到约束，政府没有权力裁定某些科学理论是否是正确的——政府试图这么做，这是很可笑的事情——他们没有权力决定历史该如何书写，也没有权力左右经济学理论或哲学理论。只有这样，未来的人类才真正有可能得到充分的发展。

第五章

底下还有大量的空间
——对纳米技术的展望

　　1959 年 12 月 29 日，"纳米技术之父"费曼在加州理工学院召开的美国物理学会大会上发表了这个著名的演讲。在演讲中，费曼阐释了微缩技术的前景——这个想法比他所在的时代超前数十年：即如何把整套《不列颠百科全书》的内容装在一根针头大小的容器里，将生命体和非生命体的尺寸急剧缩小，以及极小型机器润滑的问题——这种机器比这句话结尾处的句号还要小。费曼还设了一个大擂台，他向年轻的科学家挑战，看他们能否制造出一个能正常工作的电动机，其各面的边长不超过 1/64 英寸（0.4 毫米）。

来自物理研究新领域的邀请函

我想，实验物理学家一定会羡慕卡默林·翁内斯[1]那样的人。他发现了低温研究领域，而这个领域似乎是没有"底儿"的，可以让人一直不停地向下探索。因此，他成了这个领域的研究带头人，在一段时间里，可以说是独领风骚。而珀西·布里奇曼[2]发明了一个方法获得了超高压，从此开辟了一个新的研究领域。他不仅自己向这个领域进军，还带领我们一路前行。同样地，对高真空的研究也是一个有待深入研究的领域。

我想介绍一个领域，虽然目前研究成果不多，但是在理论上大有可为。这个领域和其他领域不大一样，它不会去探讨物理学的诸多基本问题（比如"奇异粒子"是什么？等等），从某种意义上讲，它比较接近固态物理学——它研究的是复杂情况下发生的一些很有意思的奇怪现象。最重要的是，它有异常广阔的应用前景。

我要谈的就是微观世界的操控技术。

只要我谈到这个问题，马上就会有人告诉我微型技术及其最近的发展有多神速。他们跟我提起只有小拇指指甲大小的电动马达，

---

(1) 卡默林·翁内斯（Heike Kamerlingh Onnes，1853—1926），因研究物质在低温条件下的性质获得1913年诺贝尔物理学奖，其研究帮助人们制成液氦。——编注
(2) 珀西·布里奇曼（Percy Bridgman，1882—1961），因发明产生超高压的装置及其在高压物理领域的深入研究获得1946年诺贝尔物理学奖。——编注

他们还告诉我市面上已经出现一种设备——你可以在大头针的针头大小的面积里"写"下主祷文。但是这些都不算什么。就我要讨论的问题而言，这些只是这个研究领域最初级、最不成熟的技术。深挖下去，那里还有一个极其微小的世界。到了 2000 年，那时的人们如果回头看我们这个时代，他们会感到很困惑：为什么直到 1960 年才有人认真研究这个领域？

我们为什么不能把全套 24 卷的《不列颠百科全书》的内容写在大头针的针头大小的面积上呢？

首先我们来看看，这会涉及哪些问题。大头针针头的直径是 1/16 英寸（约 1.6 毫米），如果把针头的直径放大 25000 倍，它的面积就相当于全套《不列颠百科全书》所有页面的面积总和。因此，我们要做的只是把《不列颠百科全书》上的文字缩小到原来的 1/25000。这样做可行吗？我们肉眼的分辨能力大约是 1/120 英寸（约 0.2 毫米）——大约是《不列颠百科全书》一个印刷网点的直径。如果把这个点缩小到原来的 1/25000，它的直径就是 80 埃 [1]，相当于 32 个普通金属原子一字排开的长度。换句话说，这个点可以容纳大约 1000 个原子。这样的每一点都可以很容易依据照相凸版印刷的要求调节大小，因此大头针针头有足够的空间刻写全套《不列颠百科全书》，这么做是没有问题的。

另外，如果文字可以被这样刻写的话，就一定有方法把它们读出来。我们假设用凸起的金属字刻写，也就是说，《不列颠百科全书》的文字被缩小到原来的 1/25000 之后，并一一用凸起的金属字刻写下来，那么，（将来印刷出来）黑色部分就是《不列颠百科全书》的正文内容。那么要怎么把它们读出来呢？

如果能用这种方式刻写文字，我们也可以利用当今常用的技术

---

(1) 1 埃 =1/10¹⁰ 米，即 1/10 纳米。——编注

把它们读出来（假如我们真的能这样刻写文字，将来一定会有人想出更好的方法把这些文字读出来，但是为了保险起见，我就讲讲现在我们能理解的技术）。我们可以这样做：（1）把金属字压进塑性材料，做好模子；（2）小心翼翼地把塑料模子撕下来；（3）把硅蒸镀到模子上，形成一层很薄的硅膜；（4）拿黄金再蒸镀一层膜，从特定的角度把黄金蒸镀到硅膜上，这样会让所有的微型文字更清楚地呈现出来；（5）最后融掉塑料膜子，使其从硅膜上剥离，这样我们就可以用电子显微镜来阅读了！

因此，把缩小到原来的 1/25000 的文字以凸刻的方式刻写在大头针头上，用今天的技术就能很容易把这些文字读出来。另外，我们还发现拷贝也非常容易：只要把金属字板再次压进塑性材料里，我们就可以得到另外一个拷贝了。

如何刻写微型文字

下一个问题就是：我们怎么去刻写这么小的字？我们现在还没有完成这个步骤的标准技术。但是我要说，这件事情并非乍看那么困难。我们可以把电子显微镜的镜头翻转过来，把原来的放大功能变成缩小功能。让一束离子通过这种翻转的镜头，最后聚焦成一个非常小的点。就像电视机示波器的阴极射线管的工作原理那样，我们可以用那个点来"书写"：一行一行地把离子打上去，并且在这一过程中，调整将要贴附在表面的离子的数量。

由于空间电荷的限制，使用这个方法"书写"可能很慢。以后会有更快捷的方法——可能利用照片成像的原理，我们可以先做一个布满小孔的屏幕，小孔设计成文字的形状；然后我们在屏幕后激发电弧，使金属离子穿过屏幕上的小孔；接着使用上述那套已经翻转过来的镜头，使这些离子构成一个个小图像——也就是文字，而这些金属离子会贴附在大头针针头的金属表面上。

另外有一个比较简单的方法（不过我还不确定这方法是否可行）：

我们可以把光学显微镜的镜头倒转过来，让光线通过镜头聚焦到一块很小的光电屏幕上，屏幕上被光线照射到的地方就会有电子被打出来，这些电子通过电子显微镜的镜头被聚焦，接着就直接打在金属表面（也就是大头针的针头）。如果在这一过程中，电子束经过的距离太长，它还能不能在金属表面上留下刻痕？我不能肯定。如果它在金属表面不能留下刻痕，我们肯定能够找到某种特殊材料覆在针头表面，一旦承受电子束撞击，该材料表面一定会留下印记，之后我们也可以辨认出来。

这些装置不存在强度不足的问题——利用电子显微镜"放大"的时候经常会遇到这个问题，那种情况下一般只有少量电子，要把它们"放大"后打到很大很大的一块屏幕上，现在的情况恰恰相反。一整页的光线被聚焦在一块非常小的区域，因此光的强度非常大。而光电屏幕出来的少数电子也会被聚焦到非常小的一个区域，因此其强度也是非常之大。我真是搞不明白，为什么到目前为止还没有人去做这件事！

刚刚我们说的是把《不列颠百科全书》搬到大头针针头上。现在让我们考虑一下，怎样把全世界所有的书都装进去。美国国会图书馆大约有900万册藏书，大英博物馆的图书馆里有500万册藏书，法国国家图书馆的藏书也有500万册。当然，这些藏书可能会有一部分是重复的。我们就假设世界上总共有2400万册重要书籍。

假使用上述尺寸把所有这些书籍都印下来，那会出现什么状况呢？又会用掉多少空间呢？显然，这下需要的面积相当于100

万个针头的面积总和，因为原来我们只是印 24 册，这回却要印 2400 万册。这 100 万个针头可以摆成一个正方形，边长是 1000 个针头的宽度，那么它的面积是 3 平方码（约 2.5 平方米）。这也就是说，我们用硅膜——之前我们拿它做过拷贝，其背衬是纸张厚薄的塑料——记录所有这些书籍内容，需要的总面积大约等于 35 页《不列颠百科全书》的页面面积之和，这相当于这份杂志一半的版面面积。这就意味着记录人类文明的所有信息可以放进一本小册子，而你可以随身携带这个小册子。而且这小册子用的还不是代码，只是微缩了书上的原件相片和版画等等，一点儿也不失真。

如果我对我们加州理工学院的图书管理员（现在她穿梭于一座座图书馆建筑之间）说，10 年后，所有她努力保管的书面信息，包括从地板堆到天花板的 12 万册书籍、一抽屉一抽屉的图书卡片，以及塞满储藏室的旧书，所有这些都可以放在一张图书借阅卡大小的卡片里，不知道她会做何反应。我们假设说，巴西大学的图书馆遭遇火灾，所有藏书付之一炬，我们就可以把我们图书馆中所有的藏书拷贝一份，给他们寄过去——只要用我们的藏书母版制作一份拷贝，花费时间不过数小时，然后用航空信寄走，而且用的信封不会比普通航空信件大，重量也不会比一般信件更重。

今天我演讲的题目是"底下还有大量的空间"，而不只是"底下还有空间"。我刚才已经论证了"确实有空间"——你可以用切实的方法缩小尺寸。现在我要说明的是有大量的空间。我不打算探讨具体做法，只是想谈谈原则上有哪些可能性——也就是说，按照物理学的原理，哪些事情是可能的。我并不打算提出什么"反重力"概念——只有在现有物理定律被颠覆的情况下，这才有可能。我要告诉你们的是：在确定现有物理学正确的前提下，我们能做到

120

的事情，而我们现在之所以没有做到，那只是因为我们还没有摸到门道。

微型世界的信息

假设一下，我们不是直接去拷贝照片和所有资料，而用点和画的不同组合——或者还有其他类似的符号——代表不同的字母。每个字母包含 6 比特或 7 比特的信息，也就是一个字母用 6 或 7 个点或画表示。请注意，之前我只提到把所有文字写到针头的表面上，现在我还要研究文字的内部构成。

如果我们用一种金属的一个小粒代表点，相邻的画则用另一种金属的一个小粒来代表，如此类推下去。我们持保守态度，假设储存一个比特的信息需要一个小立方体，大小为 5×5×5 个原子——也就是需要 125 个原子。我们需要用 100 个原子和其他一些原子，以此确保信息在传播或其他过程中不会遗失。

我曾经估算过《不列颠百科全书》里全部字母的数量，假设 2400 万册图书都跟《不列颠百科全书》一般大小，那么总共大约需要 10^{15} 个比特。假设每个比特用 100 个原子来表示，那么人类精心积累下来并写进书本的知识，全部可以储存在一个边长为 1/200 英寸（0.127 毫米）的立方体里，其大小是我们肉眼勉强可看到的灰尘那么大。所以我说其实还有大量的空间可以利用！拜托，你们不用跟我提什么微缩胶卷！

大量的信息可以被存储在极小的空间里——当然，生物学家早知道这个情况，而且在我们能理解这一切之前，这个事实也解答了一个疑团，那就是：构成复杂的生物——比如说我们——的所有生物学信息是如何被保存在一个哪怕是最小的细胞里的呢？那些生物学信息包括我们的眼睛是不是棕色的，我们到底有没有思考能力，或者在胚胎时期下颌骨开始发育，边上就会有一个小洞，以后供一条神经穿过，等等——这些信息都被储存在一条长长的 DNA 分子链里，而这个 DNA 分子链只是一个细胞里很微不足道的一个部分，在这里，大约 50 个原子可以代表细胞内 1 个比特的信息。

我们需要更好的电子显微镜

如果我写代码时，用一个小立方体——5×5×5 的原子，代表每一个比特，那么有一个问题：怎么把它读出来？现在的电子显微镜性能还不够好，即便再努力、再仔细观察，它也只能看到 10 埃的东西。我谈这些微观世界的东西，就是想努力让你们知道，把电子显微镜的性能提高 100 倍有多重要。然而这并不是不可能的事情，这也不违背电子衍射原理。透过这种改进后的电子显微镜，电子的波长只有 1 埃的 1/20。因此，用这种显微镜有可能观察到单个原子。能清晰地看到单个的原子，这该有多好啊！

在其他领域，比如说生物学，我们也有认识的朋友。我们物理学家会常常对他们说："你知道自己的研究进展不快的原因吗？"（实际上，我不知道当今有哪个学科的发展比生物学还要快。）"你们应该像我们一样，多使用数学。"他们原本可以这样回答，但是他们很礼貌，我来替他们说："如果想让我们加快进度，那么你们首先应该把电子显微镜性能提高 100 倍。"

当今生物学最核心、最基本的问题是什么？是下列这些问题：DNA 的碱基序列是什么样的？基因突变时会出现什么状况？DNA 的碱基序列和蛋白质中氨基酸的序列有什么联系？RNA 的结构是什么样的，是单链长分子还是双链结构，它跟 DNA 的碱基序列又是什么样的联系？微粒体是怎么构成的？蛋白质是怎样合成的？RNA跑到哪里去？它如何固着？蛋白质固着在哪里？氨基酸又会进到哪里？在光合作用中，叶绿素在哪里，它是怎么排列的，类胡萝卜素在其中起作用吗？光转换成化学能机制是什么？

生物学的这些基本问题大多很容易回答，你只要去看那些东西就行了。你会看到分子链上碱基的序列，你还会看到微粒体的结构。不尽如人意的是，透过现在的显微镜，我们看到的图像不那么清晰。把电子显微镜性能提高 100 倍，很多生物学的问题很可能就迎刃而解了。我这么说，可能有点夸张，可是，一旦做到这件事情，生物学家一定会很感激你的，而且，比起他们在研究上应该多用数学那个建议，他们会更欢迎这个变化。

当今化学反应的理论是建立在理论物理的基础上的。从这个意义上讲，物理为化学提供了理论基础。但是，化学这门学科还包括化学分析。如果你拿到一个奇怪的物质，你想知道它到底是什么，那就要经过漫长复杂的化学分析才能得到结论。到今天，你几乎可以分析任何东西的成分。所以，我说这些，也不是什么先见之明。但是如果物理学家想做成分分析，他们的研究可以比化学家更进一步。对他们来说，分析任何一种复杂的物质，这可以是一件非常简单的事：只需要看看它的原子在哪儿。问题是现在的电子显微镜太差劲了。（等会儿我要问一个问题：物理学家能否针对化学的第三个问题，即物质合成，做点事情？有没有物理方法来合成任何一种化学物？）

电子显微镜这么差劲的原因是镜头的 f 值只有 1/1000，这种数值的孔径就不够大。我知道，有理论证明：轴对称静磁场的镜头，它的 f 值不可能超过某一个值，因此现在电子显微镜的分辨率已经达到了理论极限。但是，任何理论都有假设。为什么磁场必须是对称的？我向大家提一个问题：难道没有办法提高电子显微镜的性能吗？

神奇的生物系统

生物信息可以"写"在极小的空间内，生物学的这个例子启发了我：也许做一件事情是可能的。生物学上的这个例子，不仅仅是"写"下信息，还在"做"有关的事情。一个生物系统可以无限小。很多细胞都很小，却非常活跃：它们生成各种各样的物质，它们到处游走，它们摇摆不定，它们能做很多神奇的事情——所有这些活动都在极小的空间内完成。此外，它们还储存信息。我们考虑一下这件事有没有可能：制造一个能完成我们指令的很小的机器，这种机器可以在上述极小的空间内活动！

制造很小的机器还有经济上的好处。我想请各位注意一下计算机的这些问题。我们要在计算机里储存海量信息。我前面提到的那种做法，用金属分子记录信息的方法，是永久性的（不能修改）。应用到计算机上，更实用的一种方法是可写、可擦除，然后可以再写上其他的东西。（通常我们不想浪费用来写东西的材料。但是，如果我们可以把信息写在极小的空间里，问题就不大了，读取完信息之后就可以把它丢掉了。这种材料的损耗也不会太费钱。）

计算机微型化问题

实现这个设想——把东西做得很小，我不知道具体该怎么做，但是我确实知道一点，现在的计算机是庞然大物，可以把很多房间塞满。要做微型计算机，为什么不能把里头的电线和元件都做得很小——我这里说的很小，确实是很小。比如，电线直径是 10 或 100 个原子大小，电路的宽度是几千埃。任何一个分析过计算机逻辑理论的人都会得到这个结论：如果计算机元件的尺寸能缩小几个数量级，它的结构更复杂，那么它的潜能也就非常大，它能做到的事情也非常有意思。如果计算机的元件数量是现在的 100 万倍，它就能做决策，对于给定的计算任务，它就会有时间推算出最佳方法。它们会根据经验，选择更好的分析方法——比我们告诉它们的方法更好。在其他很多方面，它们也有新的功能。

如果我看到你们的脸，我马上会知道自己以前见过你们（我的朋友肯定会说，我举的例子很不妥当，但是，至少我能认出那是一个人，而不是一个苹果）。但是，假如给机器看一张人的脸部照片，它就不能以同样的反应速度判断那是一个人，它更没有办法辨认出那是它之前曾经见过的那一张人脸，除非照片是一模一样的。而人就不同了：无论是那人的面目改变了，我离他的距离远或近，还是光线改变了，我都能辨认出来。也就是说，我脑子里的那个“微型”计算机很容易就能做到这一点。而我们制造的计算机就不行。我脑子里的“元件”数量远比我们造出来的“神奇”的计算机多得多。现有的计算机太大，而我们脑子里的“元件”极其微小。我想造的比人脑“计算机”的元件还要小。

现在，如果我们想制造一个具有所有这些奇妙功能的计算机，它大概得是五角大楼的大小。现在想做到这一点，有很多不利因素。首先，需要太多的原材料：全世界的锗都不够用来制造这个庞然大物里所需的所有晶体管。另外，机器发热和功耗也是问题：维持计算机的运行，需要的功率要以 TVA（10^9 伏安）为单位来计算。但是，更实际的困难是，计算机的速度会受到限制。由于体量很大，内部信息传递需要一定的时间，而且这个速度不可能比光速还快。因此，要求计算机速度更快、结构更复杂，那就必须把计算机做得越来越小。

把计算机做得更小，还有大量的发展空间。目前，我还找不到阻碍计算机元件极度微型化的物理学原理。事实上，极度缩小计算机元件还有很多有利条件。

以蒸镀法微缩计算机

我们怎样才能制造这样的机器？需要用到哪一种制造工艺？还有，既然我们讨论过通过排列一定的原子来"写"下信息，我们就会考虑这种做法：先蒸镀金属原材料，然后在此基础上再蒸镀一层绝缘体，接着再蒸镀一层电路电线和一层绝缘体，如此这般进行下去。因此，你只要一次次完成蒸镀操作，最终会得到一块含有很多计算机元件的东西 —— 包括线圈、电容、晶体管及其他元件 —— 它的体积极其微小。

但是，我还想探讨其他的可能性 —— 想想也好玩。为什么不能像制造大型计算机那样来制造这些微小的计算机？为什么不能在极小的空间钻孔、切割、焊接、冲压和铸造各种形状？成功浇铸某一件东西，其尺寸能小到什么程度？在你研究一些小东西时（比如你妻子的腕表），你曾经多少次对自己说："如果能训练小蚂蚁来做这件事就好了！"我建议考虑一下训练小蚂蚁、训练螨虫完成这些事情的可能性。那些微小可是能活动的机器能做些什么呢？这些机器可能有用，也可能没什么用处，但是，把它们制造出来一定很有意思。

考虑把任何一种机器 —— 比如小汽车 —— 按一定比例将其微缩到极其微小的程度，我们来看看会有哪些问题。假设某种造型的小汽车，其零部件必须有一定的精确度，比方说4/10000英寸（约0.01毫米）。如果一个气缸的精确度达不到这个标准，汽车就不会正常开动。

如果要制造的东西实在很小，达到原子级别，也就是说，如果一个圆很小，我们就没有办法做出由这些球形的原子组成的圆。因此，如果我的误差是 4/10000 英寸，对应的是 10 个原子大小的误差，那就意味着汽车可以缩小到原来的大约 1/4000，也就是 1 毫米大小。很明显，如果你重新设计的汽车，它能容忍比这大得多的误差（这并非完全不可能），那么你就能制造出更小的装置。

考虑这样小的机器会出什么问题，这很有意思。首先，在零件承受同等应力时，外力施加在已经减小的面积上，这样一来，重量与惯性等因素相对来说就不重要了。换句话说，材料本身的强度变得很重要。举个例子，只有在缩小飞轮尺寸的同时，以同等幅度提高其转速，这样由于离心力造成的飞轮的压力和张力才能保持平衡。另一方面，我们使用的金属是晶粒结构，在尺寸极度小的情况下，这种结构很麻烦，因为材料不够均匀。像塑胶和玻璃这些非晶体的材料，它们的材料分子分布就均匀得多，因此，我们要用这类材料来制造我们的超小型机器。

机器整个系统中的电子元件存在一些问题 —— 也就是铜导线和磁性元件有问题。这些元件尺寸变得极其微小时，磁体的性质也会变化 —— 跟普通大小的元件相比，这里牵涉到"磁畴"的问题。一个大的磁体可以有上百万个"磁畴"，当它被微缩时，可能只有一个"磁畴"。可见，电子元件不能只是单纯缩小尺寸，必须进行重新设计。但是，我觉得重新设计微型元件并让其运转，这根本不算什么问题。

润滑的问题

在润滑这个问题上，有一些有趣的东西。润滑油的有效黏度随机器尺寸的缩小而越变越大（如果我们尽可能加快速度）。如果速度没有被提得那么快，并且把油换成煤油或其他液体，情况还不算糟糕。事实上，机器也许根本不需要润滑。因为还有其他很多的动力可用。就让轴承干转吧，它的温度不会升高，因为这么小的元件散热非常快。热量散失如此之快，这会导致汽油无法爆燃，因此使用内燃机是不可能的。可以利用这样的化学反应——它们能在低温环境下释放能量。或者，对于如此之小的机器，外部提供电能很可能是最简便的解决办法。

这样小的机器有什么用处？谁知道呢？当然，这么微型的车辆也许只有小虫子才能开着到处逛。然而，我们确实注意过这种可能性——在全自动化工厂生产用于超微型计算机的微小元件，那些工厂里配备有超小型的车床和其他机床。那种小车床的构造，也不一定非要跟我们传统意义上的大车床完全相同不可。有请各位发挥自己的想象力来改进设计——请记住，要充分利用微观世界的各种特性，选择一条最轻松实现全自动化的路子。

针对微型机器的用途，我的一位朋友（A.R.Hibbs）提了一个非常有趣的建议。他说——虽然这个想法非常大胆——做外科手术时，如果你能把做手术的医生吞下去，那就会很有意思。把机械外科医师放到血管里，它会进入心脏，四下"观察"（相关信息当然要传送出来）。它会找到有问题的瓣膜，然后拿一把小刀割除病变的部分。有一些小机器可能需要永久放置在体内，帮助有功能障碍的器官正常工作。

现在就是这个有意思的课题：我们怎样制造这样小的机器？我把这个问题留给大家。但是，我会提一个听起来很奇怪的建议。在原子能工厂里，人们不能直接处理和操控一些材料与机器，因为它们有放射性。为了旋出螺母和旋入螺栓，人们会用到一套主从机械手，因此，你在这里操纵一套操作杆，就可以控制那边的"机器手"，这样就能很好地进行操作。

事实上，这样的设备大多数构造都很简单，关键是有一条特殊的电缆——就像控制木偶的牵线一样——这条电缆把控制端和机械手直接连接起来。当然，这套设备要用到伺服马达，因此两处设备的连接是靠电力驱动，而不是靠机械传动。当你转动操纵杆，伺服马达也随之开动，它能改变电线里的电流，从而改变另一端的马达的位置。

现在，我想造一个类似的装置——由电力驱动的主从操控系统。但是，我希望看到的是一个精心打造的主从操控系统，它由当今制造大型机器的机械师负责制造，其尺寸是你直接控制的"机械手"（也就是主操控系统）的1/4。所以，你就可以在这1/4的空间里操控这一切——小型伺服马达驱动小型的机械手摆弄小号的螺母和螺栓，它们还可以钻孔，而它们全部是通常尺寸的1/4。啊哈，我造出的车床和工具只有通常尺寸的1/4，而我还可以用这套车床和工具造出另一组主从机械手，其尺寸又只有原先那一组机械手尺寸的1/4——在我看来，那就是最初的正常尺寸的1/16。做完这一切之后，我直接把电线从正常尺寸的主机械手连接到1/16尺寸的伺服马达上，也许中间还要通过变压器。这样我就可以操控只有最初尺寸1/16的从机械手了。

这就是我设想的工作原理。这个任务相当有难度，但是我们有可能实现。你可能会说：一个步骤缩小到原来的1/4？我们可以把步子迈得更大一些！当然，这一切都需要精心设计，而且不一定非要做成"机械手"不可。如果你用心思考，你就可能得到更好的解决方案。

即便用现有的缩放仪就可以实现缩小到原来若干分之一的目的——远远小于1/4，而且是一次性操作就可以实现。但是你不能直接利用常规尺寸的缩放仪来制造微缩的缩放仪，然后再用后者制造更微型的缩放仪，因为孔洞的松弛和仪器结构的不规则会带来误差。缩放仪末端颤动造成的误差比你用手移动时带来的误差还要大。以上述方式连接起一串缩放仪，其尺寸持续缩小，最后，我会发现最小的那个仪器的末端振动得太厉害，它根本不能完成什么任务。

每个阶段都有必要提高机器部件的精度。打个比方，我们用缩放仪制造了一个小车床，我们发现其中一个导螺杆形状不规则，比原始尺寸的导螺杆还不规则。那么，我们就可以把它拧进那些易碎的螺母里，反复拧进拧出，直到最后，确保导螺杆跟原始尺寸的导螺杆严格按一定比例缩小。

我们可以让不平滑的表面互相摩擦使其变得平整，我们用的是三重法——也就是三对平面互相摩擦，这样一来，起初不平滑的表面就会变得平整了。可见，只要操作方法得当，提高微缩机器的精密程度并非不可能实现。因此，在制造这类机器时，很有必要在每一个步骤花一些时间提高设备的精密程度，需要制造精密的导螺杆、约翰森量块，还有其他所有的零件——我们制造精度更高的机器会用到这些零件。每一个阶段都需要制造下一阶段所需的零件——这是一个旷日持久又很有难度的项目。也许你能找到更快更好的微缩机器的办法。

做完所有这些工作后，我们拿到手的是只有原来 1/4000 的超小车床。但是我们想要制造功能超强的微型计算机，方法就是在这个超小车床上打孔、生产出这种计算机所需的小垫圈。那么，在这样的超小车床上你能生产多少垫圈呢？

一百只小机械手

至于那些在原始尺寸上缩小到原来 1/4 的从机械手，我打算做 10 组。我把 10 组机械手都连接到那些杠杆（主机械手）上，这样一来，每一组从机械手都会同步做同样的动作。在下一阶段，我要把机器再次缩小到原来的 1/4，这时，我让每个从手臂再生产出 10 组（缩小到原来的 1/4）小从手臂，这样我们就有了 100 组缩小到原来的 1/16 的从手臂。

这样能生产出来上百万台小车床，那么有地方摆放它们吗？这根本不是个问题：所有这些小车床加起来，跟原始尺寸的车床相比，还是要小很多。举个例子，如果我生产出 10 亿台小车床，每台小车床都是缩小到原来的 1/4000，这样的话，生产它们的原材料和存放它们的空间都不是问题——因为所需的原材料还不到原始尺寸车床的 2%。所以说，原材料根本费不了几个钱。因此，我想建 10 亿个这样的微缩工厂，其构造完全一样，它们同步开动，打孔、冲压零件，做所有的诸如此类的事情。

在机器尺寸变小的过程中，会出现一些有趣的情况：不是所有的东西都是按比例变小的。比如说，由于分子间的引力（范德华力 [1]）导致材料粘连的情况。具体情况会是这样：生产出一个零件之后，你从螺丝上拧下螺帽，结果螺帽掉不下来，因为几乎没有重力，甚至你想把螺帽拧下来也很难。这就像老电影里的情节：一个满手粘满糖浆的人想要甩掉粘在手上的一个水杯。还有很多类似的问题，我们在做设计时都要考虑到。

重新排列原子

但是，我不害怕去思考这个终极的问题：最终，在辉煌的将来，

---

(1) 范德华力是原子或分子之间微弱的吸引力，其发现者范德华（Johannes Diderik van der Waals，1837—1923），荷兰物理学家，因其对气体和液体的状态方程的研究获得 1910 年诺贝尔物理学奖。——编注

我们是否可以按照自己的需要来排列原子？对，就是原子，一直到物质构成的底部，最基础的层面。设想一下，如果我们可以按照自己的想法，一个一个去排列原子，那世界将会怎样？当然，要合理地去排列原子。比如，你不能把原子排列成从化学角度来说不稳定的方式。

到目前为止，我们从地里挖出矿物，就觉得很心满意足了。我们加热它们，利用它们大规模地做一些事情，而且，我们希望从有那么多杂质的矿物中提取纯净的物质，等等。但是，我们必须接受一些大自然已有的原子排列形式。我们不可能拥有，比如说，像"棋盘"那样的一种排列，其中杂质相距正好是 1000 埃，或者是其他什么特定的排列方式。

我们怎么处置那些层状材料呢？如果真的能按照我们想要的方式排列原子，这种物质的性质又会是怎样的呢？对这些问题开展理论研究很有意思。将来会发生什么情况，我当然不能预测其中每一个细节，但我对一件事情毫不怀疑，那就是：当我们能在很小的微观层面控制物质成分的排列方式时，这些物质可能具有的性质将会极其多样化，而我们能做的事情也会更加多样化。

试想一下，我们在一小片材料上做出小线圈和电容器（或者类似的固态元件），电路里每个元件的大小是 1000 埃或 10000 埃，一个个元件首尾相连，占了一大块区域；在另一端则有小小的天线伸出来——这些构成了整个电路。这些小天线有没有可能发射光线，就像我们用天线装置发射无线电波，向整个欧洲传送广播节目那样？其共同点可能在于向一个方向打出非常密集的光线（也许这样的光束没有太大的技术意义或经济价值）。

我考虑过制造微缩电子元件存在的一些问题。阻抗就是一个很严重的问题。如果你做一个微缩的电路，其元件的固有频率就会增高（因为波长和元件大小成正比）。但是，趋肤效应的径向深度只跟比例尺度的平方根成反比，因此阻抗的问题尤其棘手。如果频率不是太高，也许我们可以利用超导或其他办法来解决阻抗问题。

小世界中的原子

到了这个极其微小的世界——比如 7 个原子构成的电路——我们就会发现很多新鲜的事情，说不定有机会成就全新的设计。微缩世界里的原子活动规律属于量子力学范畴，跟普通世界的物理规律没有一点相似之处。因此，在我们进入这个微缩的世界，还有对待原子的时候，我们要遵循不同的物理原理，还要做不一样的事情。我们会用不同的方法制作东西，我们不仅可以用电路，还可以用这样一些系统——或是包括量子化的能级，或是包括量子自旋的相互作用。

我们会注意到另一件事情：只要把东西造得足够小，我们所有的设备都可以大量制造，而且完全一模一样。两台体形硕大的机器，我们是没有办法造得一模一样的。但是，如果你的机器只有 100 个原子摞起来的高度，那么只要保证 0.5% 的精度就可以确保两台机器完全一样了——也就是 100 个原子摞起来的高度。

在原子这个层面，我们会看到新的作用力、新的可能性和新的效果。制造和复制材料的情况会迥然不同。正如我所说的，我受到生物学现象的启发：重复利用化学作用来制造各种奇异的效果。在我看来，物理学原理并没有否定用一个个原子进行操控的可能性。这个尝试并不是有意去违背任何原理，这是理论上可行的事情，可是，只因为我们体量太大而未付诸实践。

最后，我们可以进行化学合成了。化学家会过来跟我们说："呃，我想要一个分子，它的原子排列是如此这般……你们帮我把它弄出来。"化学家要想得到某种分子，他做的事情就很神秘。当他确定这种物质有那种环后，他就会把这些和那些物质混合在一起，摇一摇，如此这般折腾一番，在这整个艰辛的过程之后，他通常都能合成他想要得到的东西。等我的整套设备可以运行的时候——我们就可以用物理方法进行合成，而化学家可能找到合成几乎任何一种东西的方法了，所以，我这套东西可能完全派不上用场。

但是，（我想）只要化学家写下一个分子式，物理学家就能够合成这种化学物质（理论上来说），这确实很有意思。化学家给出分子排列方式，物理学家就能合成这种物质。这事儿听上去如何？按照化学家给出的分子式排列原子，你就能合成这种物质。如果我们能最终看清楚原子，并提高在原子层面行事的能力，这对于解决化学和生物学上的很多问题会很有帮助。我认为这样一种发展趋势是人们避无可避的。现在，你可能会问："谁会来做这件事，而且他们为什么要做这件事呢？"好，我已经指出了这项技术有经济价值的几种应用形式，但是我知道，你们可能就是出于好玩才去做这件事的。那就玩个痛快吧！我们找几个实验室竞赛吧！一个实验室制造出微型马达，然后寄到另一个实验室，而第二个实验室要制作一个可以装在那个微型马达转轴里的东西，然后再寄回去。

中学竞赛

为了好玩，也为了让孩子们对这个领域产生兴趣，我建议和中学有些联系的人考虑组织一个中学之间的竞赛。毕竟，在这领域我们自己还没有开始研究，可能连孩子也能写出人们以前未曾写过的小型字。他们可以在中学之间做一个竞赛。洛杉矶中学给威尼斯中学寄一个大头针，针头上面写着几个字："这个怎么样？"（How's this?）随后，洛杉矶中学会收到威尼斯中学寄回来的这枚大头针，字母"i"上面的那一点里多了几个字："没什么大不了的！"（Not so hot.）

我说的这些可能不足以激励你们去做这事，也许只有经济刺激才行。我想做成这事，但是现在还不行，因为我还没做好铺垫工作。我个人愿意提供1000美元作为奖金，用来奖励第一个能做到这件事情的人：把一页书的页面缩小到原来的1/25000，而且所有的内容能通过电子显微镜看到。

我还想再设一个奖——我希望自己能把要求讲清楚，免得以后卷入争端——奖励1000美元给第一个造出能运转的电动马达的人，是能从外部控制的旋转电动马达，不算引线，马达的各边边长都不超过1/64英寸。我很希望这些奖金不用等得太久。

最终，费曼兑现了这两个奖金。下面的内容来自《费曼与计算》的概述，此书编辑是安东尼·J.G.海伊（马萨诸塞州，雷丁，珀尔修斯出版社，1988），此处内容已获得授权。

这两个奖他都颁出去了——第一笔奖金发给了加州理工学院的毕业生比尔·麦克莱伦（Bill Mclellan），那时离他这次演讲还不到一年的时间，他制造了一台合乎要求的微型发动机，但是费曼还是有点遗憾，因为制成这台机子并没有用到新的技术。1983年，费曼对喷气推进实验室的工作人员演讲时更新了一部分内容，他预测道："利用现在的技术，我们能轻松……制造出是麦克莱伦的电动机的1/64000的电动机，每条边的长度只有原先尺寸的1/40，而且我们一次可以制造上千上万台这样的电动机。"

之后不到26年的时间，他又发放了第二笔奖金。这次的获奖者是斯坦福大学的研究生汤姆·纽曼（Tom Newman）。费曼给出的挑战是把整套24卷《不列颠百科全书》写到一枚大头针的针头上。而纽曼计算的结果是，每个字母的宽度相当于 50 个原子排在一起的长度。在他的论文指导老师不在城里的时候，他利用电子束平版印刷技术，最终将查尔斯·狄更斯《双城记》的第一页缩小到原来的 1/25000。人们认为，正是费曼的演讲开启了纳米技术领域的研究，现在我们定期举办"费曼纳米技术奖"比赛。

第六章

科学的价值

　　在夏威夷游览一座佛教寺院时，费曼学到了一条佛家关于谦卑的偈语：一念天堂，一念地狱。此章收录的是费曼最雄辩的一篇演讲，集中体现了他对科学与人类社会发展互相影响的思考。他还指出：科学家对未来文明负有责任。

人们时常对我说，科学家应该多关心社会问题 —— 尤其是科学会对社会造成很大冲击，你们科学家应该在这方面多担责任。其他科学家也一定会碰到类似的情况。大家似乎普遍认为，只要科学家们多花些时间来关注这些非常棘手的社会问题，而不是花那么多时间忙活一些无关紧要的科学研究，我们的社会就会有巨大的改观。

在我看来，我们确实也会经常思考这些问题，只不过没有把它当成本职工作而已。因为，我们知道自己并没有解决社会问题的灵丹妙药 —— 社会问题比自然科学问题棘手得多，而且，即便我们认真思考了那些问题，通常也没有什么结果。

我认为，科学家在考虑非自然科学问题的时候，他比普通人高明不了多少 —— 当他就社会问题发表意见时，他也会像其他门外汉一样幼稚。今天我要讲的话题"科学的价值"不是一个纯自然科学的问题，所以，大家会发现今天的演讲肯定会验证我刚才这句话。

科学的第一重价值人人皆知，那就是"科学知识帮助人们做各种事情、制造出各种东西"。当然，如果我们做了善事，那也不单单是科学的功劳，引导我们行善的道德选择也很重要。科学知识是一种力量，我们用它行善，也能利用它作恶 —— 它本身不能决定自己的用途。这样一种力量显然是有价值的，尽管可能由于使用不当而失去价值。

我曾经去过檀香山，在那里我学到了一个说法，它可以表述这个具有普遍性的人类社会问题。有个寺庙的住持向游客讲了一点点佛法，最后他送游客一句话，说这会让他们终生铭记 —— 我本人就一直没忘。那是佛经上的一句偈语：一念天堂，一念地狱。（原文：To every man is given the key to the gates of heaven; the same key opens the gates of hell. 直译为：每人都有一把打开极乐世界的钥匙，同时这把钥匙也能打开地狱之门。）

如此说来，什么是打开天堂的钥匙的价值呢？确实，如果没有明确的指令指引我们打开天堂之门或是地狱之门，那么，我们手中的钥匙还真是个危险的物件。可是那把钥匙又显然有价值，没有了它，我们怎样去天堂呢？

没有钥匙，指令就毫无意义。所以很明显，虽然科学可能给世界带来巨大伤害，毕竟它还是有价值的，因为它能制造出有价值的东西。

科学的另一重价值是心智的享受。有人从阅读、学习和思索科学的过程中获得这种乐趣，还有人从科学研究中获得乐趣。这一点很真实，也很重要，而那些人对此却没有充分的认识——那些人说我们科学家有责任反思科学对社会的冲击和负面影响。

相对于整个社会价值而言，这种科学价值是否仅仅等同于个人乐趣？话不能这样说。应该说，我们也有责任去考虑社会存在的价值。归根到底，倘若社会发展的目标就是让人们能够享乐一切，那么，享受科学带来的乐趣就像其他任何事情一样重要。

但是我不能低估科学的世界观的价值——科学发现不断改变我们对于世界的看法。科学赋予我们想象力，那些恣肆汪洋的想象远比过往年月里诗人和梦想家所描述的更加不可思议和瑰丽多彩。科学研究告诉我们，自然的想象力远远超过人类的想象力。比如，我们这些地球人——其中一半人还头朝下——被一种神秘的吸引力吸附在一个不断旋转的球体上，而这个球体在茫茫宇宙中已经旋转了几十亿年，这难道不比"浩渺的大海里浮游着一只大海龟、海龟驮着象、象又驮着大地"这种想象更激荡人心吗？

我常常独自思考这些问题。如果在这里我提起这些众所周知的常识，或者这一类的知识，我希望在座各位能谅解，可是过去的人们不可能知道这些知识，因为他们和我们不一样，没有办法认识这个世界。

比如，我一个人站在海边，思绪万千。海浪翻滚……那是无数分子堆积成的，每个分子只管傻傻地忙乎自己的事……分明是亿万独立的个体……合在一起便形成了白浪。

代复一代，年复一年……生灵万物出现之前……惊涛便如此这般拍击着海岸。所为何人？又所为哪般……在一个没有任何生命可取悦、死寂的星球上。

永不停息……能量驱使一切……太阳肆意挥霍……倾泻于宇宙……些许就引发海的咆哮。

大海深处，分子重复一样的排列，直到生成复杂的新组合。它们复制自身……然后，崭新一幕上演。

日益增长的规模和复杂性，生物，原子团、DNA、蛋白质，舞着一个更为复杂的世界。

跳出海洋摇篮，走上干燥的大地……天地间有了一个它……有知觉的一堆原子……充满好奇的一团物质。

站在海边……奇迹在惊异中出现……我……在一个原子的宇宙中……不过是宇宙中的一个原子。

伟大的冒险

每当我们足够深入研究一个问题时，同样的激动、敬畏和神秘感，会一次又一次袭来。了解越多，研究越深入，就会发现更奇妙的秘密，诱使人们越发深入探究。从不在意结果可能令人失望，我们总是愉悦自信地翻开一块又一块石头，试图发现意想不到的奇妙之事，而它又会引领我们领略更美妙的问题和神秘之事——这无疑是一场伟大而美妙的冒险！

确实，不做科学研究的人，没几个人能有这种宗教般的体验。我们的诗人不去歌颂它，我们的画家不去描绘这样不同寻常的情景。我也不理解。难道没有人从我们科学家现在对宇宙的描述中得到创作灵感吗？科学的这种价值，至今还没有一个歌手颂扬过它。所以，今晚，诸位不得不听我讲科学——不是一首科学赞歌，也不是一首诗歌，就是听一晚上的讲座。可见，科学的时代还是没有到来啊！

造成这种局面的一个原因大概是，你需要看懂乐谱才能唱歌。举个例子，科学论文里说："老鼠大脑里的放射性磷每两个星期减少一半。"好了，这什么意思呢？

这意味着，老鼠的脑子（你我的脑子也一样）里面的磷已经不是两个星期以前的磷了。这意味着，脑子里的原子会被全部更替，原先的原子已经不存在了。

所以，这个大脑到底是什么呢？这些有意识的原子又是什么呢？就像是上星期吃的土豆！现在，它能记得我脑子里一年以前的想法，而那时候的脑子早就已经被换过了。

人们发现大脑里的原子需要多久会被别的原子替换，其意义就在于提醒大家，区别旁人和我的重要器官，只不过是一种组合，或说是一种舞步。原子来到我脑子里，跳一支舞，然后走人——原子常新，舞步依旧，永远记得昨天的跳法。

了不起的想法

当我们在报纸上看到这条消息："科学家认为，这一发现可能帮助人类攻克癌症。"报纸只关注一个想法的用途，而不去注意那个想法本身。难得会有人懂得一个想法的重要性，以及它是多么不同寻常。尽管如此，还是有些孩子会对这个想法感兴趣。一旦某个孩子被这想法吸引，我们就多了一个科学家。这些想法的影响力确实会慢慢扩大（即便众说纷纭，说看电视会替代思考），很多孩子会开始注意科学的各种奇思妙想——这样他们就可能成为未来的科学家。一旦等他们上了大学，那就太晚喽。所以，我们必须尝试着给孩子们讲解这些想法。

现在，我要讲讲科学的第三重价值了。这个价值不是那么直观，但并不牵强。科学家对于自己的无知、怀疑和不确定深有体会，我以为这些经历非常非常重要。当一个科学家不知道某个问题的答案时，他是无知的。当他凭直觉猜到结果会是怎样的，他并不确定。而当他对结果相当有把握时，他还是有一点点怀疑。我们发现，要进步，我们必须承认自己的无知，还要心中存疑——这种心态至关重要。科学知识是一些陈述的集合，这些陈述有不同程度的确定性——有的基本不确定，有的几乎可以确定，但没有一条陈述是绝对有把握的。

如今，我们这些科学家已经接受这一点了，并且理所当然地认为：存疑与科学并不矛盾——无知是一种常态。可是，我不知道是否每个人都意识到了这一点。今天我们能存疑的自由，缘于科学在发展早期与权威势力的斗争。那是一场酷烈的斗争，意义极其深刻。我们争取到了质疑的权利，也就是允许我们去怀疑，凡事都不能那么确定。我认为这一点很重要：我们不能忘记这场斗争的重要性，即使有可能失去业已得到的东西。这是科学家对社会的责任。

人类看来拥有无限的潜能，而相比之下成就却如此有限，每每想到这点，我们都会很难过。一次又一次，我们都认为自己本应做得更好些。前人在他们所处的黑暗时代中畅想未来；作为后来人，今天我们目睹他们的一些梦想实现了，而很多却仍然是梦想。今人对于未来的希望，很大程度上，依旧是古人对未来的梦想。

教育，是好是坏？

曾经有人认为，人的潜能之所以没有被完全开发出来，是因为大多数人没有接受教育。照这样说的话，随着教育的普及，人人都能成为伏尔泰吗？就教学成效而言，教人为恶与教人向善一样立竿见影。教育的作用很大，但它既可能是好事，也可能是坏事。

国家和民族间的交流必定会促进相互理解——这可能又是一个美好的梦想。可是，交流的渠道可以被操纵——或是畅通，或是被堵塞。交流的内容可能是真理，也可能是谎言。交流的作用很大，但是，同样地，它既可能是好事，也可能是坏事。

应用科学至少应该能给人们物质生活的保障吧。医药能控制疾病，这方面的记载好像全都是正面的吧。其实不然，也有人在孜孜不倦地埋头研制瘟疫病毒和毒药，以便用于今后的战争。

几乎所有人都讨厌战争。我们今天的梦想是和平。我们认为，在和平年代，人能够充分挖掘自己巨大的潜能。可是，一旦实现了永久和平，未来的人们可能会发现，和平同样是双刃剑，也有好坏两面。久享太平的人们也许会因为无所事事而酗酒，而酗酒对于一个想充分发挥自己潜能的人来说，将会是很大的一个障碍。

显然，和平也是一大力量，就像其他力量一样，比如清醒、物质力量、交流、教育和诚实，还有，梦想家的很多共同理想。

上述力量中，今天我们可以操控的力量比古人要多。或许，我们比大多数古人做得要好一点。但是，我们本来应该能做成更多且更伟大的事情，就此而言，我们那点可怜的成就只不过是沧海一粟。

原因何在？为什么我们不能战胜自己？

那是因为，我们发现，那些力量或是人的能量再也没有附带使用说明。例如，关于世界如何运行的知识，我们积累了很多。可是，这种知识越多，越让我们坚信，这些运行似乎毫无意义可言。各种各样的科学知识并不直接教人向善或是作恶。

古往今来的人们一直在寻找人生的意义。他们认为，如果有一个方向或意义来指引人类的行动，人类自身巨大的潜能必定会被释放出来。于是乎，很多很多的答案应运而生。可是，这些形形色色的说法相去甚远，其中某一种说法的支持者，会把信奉另一种说法的人们的行为看作是洪水猛兽。之所以心怀恐惧，那是因为看法不同，他们会认为信奉不同理念的人们的所有潜能都会被引入歧途，进入一条狭隘的死胡同。历史上有无数因虚妄的信仰导致的恶性事件，哲学家正是从中才意识到人类拥有无穷的、神奇的潜能。于是，新的梦想来了：如何找到那个通道？

那么，这其中的含义又是什么呢？如何一言道尽人生存在之谜呢？

如果凭借我们所有已知的知识，既有古人掌握的知识，也有现代人知道的而古人未知的知识，那么，我们必须坦白承认，我们不知道。

可是，坦白承认了这一点，也许我们已经找到了那个通道。

这不是一个新的想法：这是理性时代的想法。正是这一哲理启发了我们的先贤们，他们创造了我们目前生活其中的民主制度。这个想法就是：没有谁真正知道如何管理政府，所以我们应当创造这么一个制度，在这一制度下，新想法有机会产生、被试验，有可能被丢弃，继而产生更多的新想法。这是一个"试错"的制度。这一做法的出现基于这个事实：到 18 世纪末，科学已经证明自身是一个成功的冒险。把科学精神引入社会运行适当其时。那时关心社会运行的人们就已经清楚地看到：坦然面对各种可能性就会带来机会，怀疑和讨论是探索未知世界的关键。假如我们要解决前人从未解决的问题，我们就必须打开未知之门。

我们科学家的责任

作为地球上的一个物种，人类还处在初期发展阶段，问题一箩筐也不足为怪。人类的未来还很长。我们有责任去做我们该做的、尽量去学习、寻求更好的解决办法，并将这些办法传给后人。我们有责任尽量不给后人遗留下问题。在人类的年少轻狂期，我们有可能犯下严重的错误，以至于长时期阻碍自己的成长。我们人类还处于青少年期，还很无知，假如我们说自己今天就已经知道了答案，那就会犯这样的错。如果我们压制言论，压制批评的声音，宣称："这就是答案，朋友们，人类得救了！"这样一来，人类就会被长期套上权威的镣铐，并局限于眼前的想象。这样的事情已经发生得太多了。

身为科学家，我们知道，"假定自己是无知的"这种哲学态度取得了长足的进步，它具有巨大的价值。而这种进步是解放思想、自由思考的结果。所以我们有责任大声赞扬自由思考的价值；我们有责任让大家知道：为什么不要害怕质疑，而是要张开双臂去欢迎质疑，并展开讨论；我们有责任要求子孙后代也要拥有这一自由。

第七章

关于"挑战者号"航天飞机事故的少数派调查报告

1986年1月28日,"挑战者号"航天飞机在升空后不久爆炸,6名职业宇航员和1名中学教师不幸罹难。这个国家遭受了沉重的打击,NASA(美国国家航空航天局)颜面扫地、威望受损,而在这之前的很多年里,NASA均能成功完成空间发射任务——至少没有出现致命的失误。事后政府成立了一个调查委员会,除了查清事故原因外,还要求调查委员会给出具体措施杜绝此类灾难再次发生。该委员会由国务卿威廉·P.罗杰斯率领,成员有政治家、宇航员、军方代表和一位科学家。理查德·费曼就是调查委员会里唯一的科学家,他参与调查也许已经预示:挑战者号失败的原因不会成为一个永远的谜,一定会被找到。费曼比绝大多数人更有勇气,他还不辞辛劳,乘坐飞机穿梭于全国各地,找到地面工作人员。这些工程师坦言,在这次太空计划中,宣传起了主导作用,审慎和安全则退居其次。费曼的报告差点被调查委员会压下来,因为委员会认为这会让NASA很难堪。但是费曼据理力争,最终让自己的调查报告被收录在内——它只能屈尊被放在附录里。在调查委员会举办的现场直播的记者招待会上,费曼做了他那个著名的现场实验,实验材料仅仅是航天飞机上的一个密封圈(或O形环)和一杯冰水。这个实验形象地说明了是关键部位的垫圈出了问题,原因正如工程师们警告的那样——天气太冷不宜发射,而各级管理者为了能按时发射以借此在上级面前邀功,对这个警告置若罔闻。以下就是那个具有历史意义的调查报告。

导语

对于太空飞船机毁人亡的这种事故的风险评估，人们的看法分歧很大，他们给出的风险范围在 1% 到 0.001% 之间。一线工程师给出的风险评估值较高，而管理人员给出的评估值则很低。风险评估结果相去甚远，其原因何在？它又会带来什么后果？0.001% 的出事概率意味着：在 300 年时间里，每天都发射一架航天飞机，只有一架航天飞机会发射失败。这么说来，我们就更有理由追问：到底是什么原因让管理人员这么信任飞船的性能，甚至到了迷信的地步？

我们还发现，《发射准备状态评估》中准许发射的标准逐渐被放宽。之前在同样风险条件下的发射没有失败，人们往往试图用这种侥幸成功的案例证明下次再进行类似的发射是安全的。因此，显而易见的缺陷一次又一次被容忍，有时他们会漫不经心地去修补缺陷，有时干脆推迟发射——因为隐患还没有被排除。

我手头的资料有这么几个来源。首先是以书面形式呈现的"准许发射的标准"的若干个版本，从中可以看到标准一路变化的痕迹：原先严格的标准不断被放弃、被偏离。还有，《发射准备状态评估》中记载的每次发射记录里包括论证此次发射风险可接受的论据。另外还有安全官员路易斯·J. 乌利安基于固体燃料火箭成功发射的历程给出的第一手证词以及相关报告。身为发射中止安全委员会主席，他还对一个问题做了深入研究：对将来行星探测计划发射任务中钚动力装置（RTG[1]）可能导致的放射污染的评估。我也掌握了NASA对这个问题的研究资料。为了了解航天飞机主发动机的发展情况，我拜访了马歇尔太空飞行中心的管理人员和工程师，还和洛克达因公司的工程师私下碰了头。我还拜访了为NASA当过发动机顾问的独立力学工程师（来自加州理工学院）。为了收集航空电子设备（计算机、传感器和效应器）性能可靠性的资料，我专程去了一趟约翰逊航天中心。最后，还有1986年2月由喷气推进实验室的摩尔等人递交给NASA总部空间飞行办公室的报告——《对可重复使用载人火箭发动机的潜在应用的评估认证》。该报告谈论了美国联邦航空管理局和军方用于认证燃气轮机和火箭发动机的方法。我也私下访问了这份报告的作者们。

固体燃料火箭

安全官员研究了之前所有的火箭发射，然后评估了固体燃料火箭的可靠性。数据显示，总共发射将近2900次，其中121次失败（每发射25次失败1次）。但是数据里面包括所谓的早期错误，也就是每新出一种火箭，在最初几次试射中发现设计错误并予以修改。对于技术成熟的火箭来说，更合理的数字应该是每发射50次失败1次。如果能仔细挑选零部件和反复检验，失败率应该可以控制在1%以下，但是以今天的技术，0.1%的失败率可能无法达到（航天飞机上有两只火箭助推器，而固体火箭助推器的失效概率则决定了航天飞机的失败概率，所以航天飞机的失败概率应该翻倍）。

---

(1) 放射性同位素热电式发电机（Radioisotope Thermoelectric Generator）。——译注

NASA 官员辩解说，他们掌握的数据要低得多。他们指出，这些是不载人火箭的数据，但是，航天飞机是载人的飞行器，所以它"发射成功的可能性必然非常接近100%"。我觉得，这种说法想表达的意思不太清楚。是接近100%，还是"应该"接近100%？他们继续解释："从以往的经验来看，这个极高的发射成功率已经使载人航天项目和不载人航天项目有了根本的区别；换句话说，一个使用数字概率来评判，另一个则是工程判断。"（这段话出自《行星任务中 RTG 安全性分析的航天飞机数据》3-1 和 3-2 页，出处：NASA 约翰逊航天中心，日期：1985 年 2 月 15 日。）确实，如果失败概率低到 0.001%，那就需要无数次实验来证明它（从那一连串非常成功的发射中你可能得不到发射失败的数字，只可能得出一个概率——迄今为止发射的总次数还不到 10 万）。但是，如果实际的失败概率没有这么低，通过合理的推测，发射飞船时就会出现这些情况：故障、事故未遂，甚至是事故。事实上，NASA 以往的经验已经表明，就是这些偶尔的故障、未遂事故和事故在警告人们：发射失败的可能性并非那么小。不要通过历史经验决定飞行器的可靠性——而安全官员恰恰与这个呼吁背道而驰，同样与这个呼吁相悖而行的还有 NASA，事事必提过往经历，就像之前说到的那个报告，一开头就是"从以往的经验来看，这种极高的发射成功率……"最后要说的是，如果我们用工程判断来代替标准的数字概率，那么为什么管理官员的估算和工程师的判断会有这么大的差异？看来，不管是出于什么目的——无论对内还是对外，NASA 官员确实夸大了其航天产品的可靠性，甚至到了幻想的地步。

发射许可和《发射准备状态评估》的历史这里就不再重复叙述了（请参见调查委员会报告的其他部分）。在以往的发射中，一种现象毋庸掩饰，那就是允许使用已经发生腐蚀和漏气的飞船密封圈。很明显，"挑战者号"航天飞机就是一个例证。在它之前的类似发射被人们多次提到：都允许使用此类密封圈，都能成功发射，于是就被当成了安全的证据。但是腐蚀和漏气并不是设计的结果，它们在警示一定有什么地方出问题了。设备运行不符合预期情况，那就说明有危险：飞船以这种意外并且我们不能完全理解的方式运行，可能导致更大的偏差。之前这个危险没有导致大灾难，这并不能保证下一次不会发生大灾难，除非我们完全掌握了它的情况。这就像是玩"俄罗斯轮盘赌"一样，第一枪子弹空发根本不能让人完全松一口气，说不定开下一枪子弹就出膛了！造成密封圈腐蚀和漏气的原因以及会导致的后果，人们都不是很清楚。并不是每一次发射和所有的连接处都会发生腐蚀和漏气现象，这里头随机的成分很高。有时候，即使所有的条件都符合要求，为什么还是会发生大惨剧？

尽管每一次的情况都不相同，但是官员们的表现很是胸有成竹——他们彼此给出明显很符合逻辑的论证，经常用之前"成功"的发射作为依据。比如，在判断代号为51-L的飞行任务是否安全时——尽管在这之前51-C飞行出现过O形环（密封圈）腐蚀现象，他们指出，O形环腐蚀的深度只占到半径的1/3。因为先前一次切割O形环的实验证明：只有当切割的深度达到一个半径时，O形环才会失效。我们对造成腐蚀的因素知之甚少，而这一次发射，在不同的条件下腐蚀很有可能更厉害一些，他们非但没有认真考虑这个因素，反而声称"安全因子是3"。"安全因子"原本是工程术语，在这里使用这个术语显得很怪异。如果我们建造一座桥，要求它经受住一定的载重量，同时桥梁不会发生永久变形、开裂或折断，那么所用材料的实际承受力通常应该达到预计载重量的3倍。这个"安全因子"考虑到了以下因素：不确定的超载，不可知的额外负荷或者材料本身可能有意料不到的缺陷，等等。假设一下，现在预定载重加到这座新建成的桥上，而一根桥梁出现了一条裂缝，这就是桥梁设计上的失败。即便这座桥没有塌，因为裂缝的长度只有桥梁长度的 1/3，但是这根本和安全因子没什么关系。固体火箭助推器里的 O 形环的设计初衷不是为了有朝一日它会腐蚀掉。O 形环的腐蚀说明火箭某个地方出了问题，它不是判断飞行器是否安全的一个指标。

不完全掌握导致 O 形环腐蚀的原因，人们根本不可能断定这一点——下回导致的腐蚀不会比前一回严重 3 倍。然而，官员们自欺欺人，自以为是，他们完全不顾一个事实，即发射飞船的条件每次都不同。他们设计了一个数学模型来计算腐蚀的程度，然而这个模型不是基于物理学的理解，而是以是否符合实证曲线为判断依据。说得更具体一些，他们设想一股热气流冲到 O 形环上，并在停滞点上测出热量值（到此为止，物理上还是合理的，符合热力学规律）。但是，在测定多少橡胶被腐蚀掉时，这个热量是唯一起作用的因素——而计算热量的公式出自用相似材料做实验得出的数据。这个经验公式用对数表示就是一条直线，因此他们把腐蚀程度定为热量值的 0.58 次方——0.58 是由最接近的一个符合点确定的。无论如何，用其他数字代入公式，他们证实那个模型能推测出腐蚀的程度（腐蚀深度是 O 形环半径的 1/3）。没有什么比相信这种答案更离谱的了！这个模型里不确定性比比皆是。气流的强度可能无法预测，它取决于油灰里形成的孔。漏气现象表明即使 O 形环没有被腐蚀或只是部分腐蚀，它也会失效。大家都知道，经验公式是靠不住的，因为那条拟合曲线并没有穿过那些把它画出来的数据点。很多点都不在曲线上，实际数值与曲线上相应的点的数值有两倍的差距——要么位于曲线上面，要么位于曲线之下。单从这一点看，对 O 形环腐蚀严重程度的估算翻一番也是合理的。公式里其他常数也有类似的不确定性，此外，还有别的一些不确定性。使用这个数学模型时，一定要密切关注诸多的不确定因素。

液体燃料发动机

在 51-L 飞行任务中，航天飞机的三个主发动机表现都很完美，一直到最后时刻，当燃料供应不足时发动机关闭。接着一个问题出现了：如果发动机失灵，我们也像调查固体火箭助推器那样去仔细调查它，我们是否会发现类似的弊病——NASA 不够重视液体燃料发动机的缺陷，产品可靠性不断降低。换句话说，导致事故发生的管理漏洞只限于固体火箭助推器部门，还是普遍存在于 NASA？为了得到这个答案，我还调查了航天飞机的主发动机部门和电子设备部门，但是我还没有调查轨道飞行器和外部燃料箱这两个部门。

与固体火箭助推器相比，发动机的结构要复杂得多，涉及的大量工程问题要求也更精细。总的来说，发动机的工程质量很高，其运行中发现的不足与缺陷显然也很受重视。

通常这种发动机（用于军用或民用飞机）的设计方式可以被称为"组件系统"或者"自底向上"体系。首先，必须彻底了解要使用的材料（比如用于制造涡轮叶片）的性能和局限性，而且要在实验台上测试来确定这些特性。掌握这些情况之后，稍大一些的部件（比如轴承）的设计和测试要单独进行。一旦发现有缺陷和设计错误，就要通过进一步的测试进行调试修正和验证。由于每一次只测试一种零部件，所以这些测试或修正的成本不会特别高。最后，我们开始逐步设计整个发动机，并使之符合必要的规范。到这时候，发动机成功的时机到了，或者说任何故障都可以很容易被锁定和分析，因为故障的模式、材料的局限性等都已经摸清楚了。调试发动机并解决最后遇到的难题也显得没有那么困难，因为在这之前，大多数严重的问题都已经被发现并被及时处理，花费的成本也不高。

但是，对于航天飞机主发动机的设计，采用的却是另一种方法，我们可以说，它是"自顶向下"的方法。发动机的设计和组装一步到位，几乎没有对材料和部件进行细致的初步研究。所以，当轴承、涡轮叶片、冷却管等出现问题的时候，很难找出原因和解决问题，代价也要昂贵得多。比如，高压氧涡轮泵的涡轮叶片出现了裂痕，那么，问题原因出在哪里？是材料本身的缺陷，还是有氧环境对材料性质有影响？是启动或关闭时的热应力，还是稳定运行时的振动和应力？抑或其主要原因在于某些速度下产生的共振效应？还有很多其他可能性。从出现裂纹到它导致机器失灵，这期间需要多长时间？这个过程和机器功率在多大程度上相关？利用组装好的发动机作为试验品来解决这些问题，这个代价太高了。我们不会为了找出故障所在和弄清楚为何发生故障而牺牲整个发动机。但是，想要做到对发动机工作时的性能可靠性心里有数，就要精确掌握这些信息。没有细致的了解，就不可能有信心。

自顶向下的方法还有一个更大的缺点，那就是：如果某个缺陷被发现，除非重新设计整个发动机，否则一个简单的修补操作——比如改变涡轮罩的形状——可能都很难实现。

航天飞机主发动机是一个非常不同凡响的机器，与之前的所有发动机相比，它的推重比是最大的。它与那些发动机的相同点很少，或者可以说是截然不同的。因此，不出所料，各式各样的缺陷和困难层出不穷。不巧的是，它的设计方式是"自顶向下"的，所以那些缺陷很难被发现和弥补。设计一架能重复使用 55 次的航天飞机的目标至今也没有实现（总共工作 27000 秒，每次发射或试验用时 500 秒）。现在，这种主发动机需要非常频繁地维护和更换重要部件——如涡轮泵、轴承、薄片金属罩，等等。每飞行 3 次或 4 次，高压燃料涡轮泵就不得不更换（这个问题现在可能已经解决了），每飞行 5 次或 6 次，高压氧涡轮泵就要更换 —— 充其量是预期耐用程度的 10%。但是，我们主要关心的是决定主发动机可靠性的因素。

在过去总共 250000 秒的运行过程中，发动机大概出现过 16 次严重故障。工程人员密切关注这些故障，并试图尽快修复它们。他们采用的方法是在特殊设备上做实验 —— 这些设备是专门针对这些问题而设计的；或是根据一些线索（比如裂纹）仔细检查发动机；或是做大量的研究和分析。这样一来，虽然有自顶向下设计带来的诸多困难，但是工程人员已经通过努力工作解决了很多问题。

下面是部分问题清单。那些带星号（＊）的是可能已经解决的问题：

高压燃料涡轮泵（HPFTP）涡轮叶片裂缝（也许已经解决）。

高压氧气涡轮泵（HPOTP）涡轮叶片裂缝。

强力火花点火器（ASI）线断裂。＊

净化止回阀故障。＊

强力火花点火器内室腐蚀。

高压燃料涡轮泵涡轮的金属薄板开裂。

高压燃料涡轮泵冷却剂衬垫故障。＊

主燃烧室输出弯管故障。＊

主燃烧室输入弯管焊点偏移。＊

高压氧气涡轮泵亚同步旋转。＊

飞行加速安全中止系统（在冗余系统里出现部分故障）。＊

轴承碎裂（已部分解决）。

4000 赫兹的振动造成一些发动机不能运作，等等。

在这些已经解决的问题中，大多数是新型火箭设计早期的难题，因为有 13 个问题出现在头一个 125000 秒，只有 3 个问题出现在第二个 125000 秒。自然，你绝不能确信所有的隐患都被找出来了，何况，在某些问题上，人们可能连故障原因还找不准，就采取了某些补救措施。所以，我们做这个推测并非全无道理：在接下来的 250000 秒，可能至少会出现一次事故，每次发射中，每个发动机可能出现事故的概率是 1/500。每一次发射有 3 个发动机在工作，但是可能会出现一些意外，而且这可能会影响其中一个发动机。如果只有两个发动机在工作，发射任务就会失败。因此，我们可以这样说，由于未知意外因素的存在，对于航天飞机主发动机故障可能导致发射失败的概率，我们的估计不能低于 1/500——甚至是他们自己也不能过于乐观。此外，我们还必须考虑那些已知的但是还没有解决的问题（上文列出的问题中没有带星号的）可能导致的后果。这个问题我们稍后再讨论。（火箭发动机制造商洛克达因公司的工程师，他们在综合考虑后给出的失败概率估计值是 1/10000；马歇尔太空飞行中心的工程师给出的数值是 1/300；与此同时，作为这些工程师负责汇报的对象，NASA 却声称失败概率只有 1/100000；而被 NASA 聘为顾问的一位独立工程师，则认为合理的估计值应该是 1/100 或 1/50。）

发动机的合格标准的变化历程让人很困惑，而且很难解释得通。最初的标准好像是这样的：两个样机顺利工作的时间都必须达到（火箭成功发射）要求时间的两倍，那就是发动机的工作时间的标准（2× 标准）。这个起码是联邦航空局的惯例标准，NASA 看似也采纳了这个标准——最初的标准是能顺利发射 10 次（因此要求每个样机能成功发射 20 次）。显然，最理想用作参照物的发动机应该是那些总工作（飞行 + 试验）时长最长的发动机——所谓的"领航船"。但是，假如第三个样机或其他样机在很短的时间内失灵了，那该怎么办呢？当然，即便前两个发动机正常工作的时间超长，我们也不能就此认为这次火箭发射是安全的。也许，最短正常工作时间更能代表真实的风险，所以，如果将安全因子设为2，火箭使用的时间只能限制为最短时间的一半。

安全标准逐渐降低的例子有很多，我们就拿高压燃料涡轮泵的涡轮叶片做例子。首先，试验整个发动机的思路不适用。每个发动机的很多重要部件（比如涡轮泵）都在频繁地更换，所以安全规则的对象必须从整个发动机转移到零部件。如果两个样机能够安全工作一段时间，我们就把这段时间的1/2定为高压燃料涡轮泵标准安全时间（当然，事实上，人们已经不再坚持把10次安全发射的时间定为标准安全时间）。但是，怎样才算"安全"工作？在实际操作中，为了真正确保安全，联邦航空局施行的标准比2×标准还严苛——他们把涡轮叶片出现一条裂缝也视作失效。有些时候，在一段时间内——从涡轮叶片刚出现一条裂缝，然后裂痕不断扩大，到最后让涡轮叶片断裂，发动机还能够一直正常运转。（联邦航空局一直在考虑出台安全新规则——把这种特殊的"安全"状况也考虑在内，但是，要做到这一点，必须要在已知的经验范围内对已知的模型做非常仔细的分析，而且模型的材料也必须经过彻底的测试。而对于航天飞机主发动机来说，这些都不适用。）

高压燃料涡轮泵涡轮叶片的裂缝通常出现在第二级。有一台在1900秒后出现了3条裂缝，而另一台在4200秒后也没有出现一条裂缝——尽管在通常情况下，运行时间越长，出现裂缝的概率越大。为了进一步了解这个状况，我们需要认识到：应力很大程度上取决于功率级。在火箭发动机工作的大部分时间里，"挑战者"号航天飞机的功率级应该维持在额定功率级的104%——就像之前的发射任务那样。根据一些数据分析，功率级在额定功率的104%时，出现裂缝的时间大概会比109%功率级或全功率级（FPL）延后一半。将来的飞行也会保持在这个功率级上，因为这个功率级有更大的有效载荷，还有很多试验都是在这个功率级做的。所以，我们把

104% 功率级上裂缝出现前的那段时间除以 2，就得到一个时间单位——等效全功率级（EFPL）。（显然，这也带来了一些不确定性，但是目前还没有对此开展研究。）之前提到的裂缝最早出现在 1375 秒 EFPL。

现在，安全标准变成了"第二级（涡轮）叶片都要限制在 1375 秒 EFPL 之内"。可能有人提出反对意见，称安全因子为 2 在这里没有体现。实际上，涡轮机运转 3800 秒 EFPL 没有出现裂缝，这时间的一半就是 1900 秒 EFPL，所以，实际上我们的标准还更保守。我们的自我欺骗表现在三个方面。首先，我们只有一个样机（符合这个要求），而且它不是"领航船"，而其他两个样机在 3800 秒和之后的一段时间内有 17 片涡轮叶片开裂（发动机内总共有 59 片涡轮叶片）。其次，我们已经抛弃了 2× 标准，并以等量时间标准来代替它。最后，在 1375 秒 EFPL 时确实开始出现裂缝。我们可以说：在 1375 秒 EFPL 之前，我们没有发现过裂缝，但是，我们最后一次检查结果显示，出现裂缝的临界点在 1100 秒 EFPL。我们确实不清楚裂缝在这两个时间点内出现的具体时候，我们只能做这样的猜测——比如，裂缝有可能是在 1150 秒 EFPL 形成的。（将近 2/3 的叶片在实验超过 1375 秒 EFPL 后会出现裂缝。最近的一些实验已经明确显示，裂缝早在 1150 秒就出现了。）把标准定得高一些很重要，因为"挑战者号"的发动机的设定安全飞行时间非常接近极限安全时间。

最后，人们宣称，安全标准并没有被抛弃，整个系统是安全的，只不过不再遵照联邦航空局"（涡轮叶片）不能有裂缝"的惯例，涡轮叶片只有在彻底断裂时发射才算失败。按照这种规定，就没有哪一台发动机算得上运转失灵。他们的想法是这样的：既然从裂缝开始出现到叶片断裂需要一段足够长的时间，那么通过检查所有叶片有无裂缝，就能保证绝对安全。如果发现了裂痕，那就更换涡轮叶片；如果没有发现裂缝，我们就有足够的时间完成一次成功发射。这种做法让涡轮叶片裂缝问题不再是关乎飞行安全的重大问题，而仅仅是一个如何让叶片持久工作的问题。

也许情况真的是这样。但是我们怎么就能断定：叶片上那些裂缝总是慢慢地开裂，而且不会在发射过程中导致叶片整体断裂？3个发动机已经运行了很长时间，其中有几个叶片出现裂缝（大概发生在 3000 秒 EFPL），可是叶片整体断裂的情况没有出现。

但是，这种叶片裂缝的问题可能已经找到补救办法。通过改变叶片形状、对叶片表面进行喷丸处理[1]，或是进行绝缘化处理来杜绝热振动等方法，叶片就不会开裂。

高压氧气涡轮泵合格检验标准的历史变迁，情况跟高压燃料涡轮泵也十分相似，在这里我就不细说了。

总之，很显然，在对待航天飞机主发动机的一些问题上，飞行准备状态评估和安全认证标准都倒退了，这和我们看到的固体火箭助推器安全标准的倒退如出一辙。

航空电子设备

航空电子设备（avionics）是指轨道飞行器的计算机系统，也包括它的输入传感器和输出执行器。首先，我们只研究计算机本身，而不去考虑温度传感器、压力传感器等输入传感器传来的信息是否可靠，或者负责火箭点火、机械控制以及给宇航员呈现内容的执行器是否忠实地遵循计算机的输出指令。

整个计算机系统非常精密，程序代码超过 25 万行。它负责操

---

(1) 喷丸处理也称喷丸强化，是一种表面处理工艺，用于提高零件的疲劳强度，大型壁板零件成型以及清除零件表面氧化层等。——译注

控很多事情，包括飞行器爬升、进入飞行轨道的整个自动控制过程，当你按下某个按钮决定好登陆地点后，它操控飞行器飞回地球，直到顺利进入大气层（速度低于 1 马赫）。我们有可能实现着陆过程全自动化（除非起落架明显脱离了计算机控制，出于表面上的原因，必须由飞行员手动操纵），但是，相比之下，由飞行员控制飞行器着陆会比全自动化着陆更安全。飞行器在整个轨道飞行期间，其计算机系统被用来控制有效载荷，向宇航员显示信息，以及与地面（控制中心）交换信息。显然，出于飞行安全需要，必须确保整个计算机硬件和软件系统的精确性。

简单地说，硬件系统的可靠性通过四个完全独立且结构相同的计算机系统来确保。在这套系统里，可能每个传感器都有若干个备用传感器——通常是四个——这些装置会同时给这四个计算机系统提供信息。如果传感器输入的信息不一致，这时会根据实际情况确定有效输入，或是采用平均值，或是按照"多数表决"原则来确定。这四台计算机的算法是完全一样的，同样，它们的输入（每台机器都可以获取包括备用传感器在内的所有传感器的信息）也是一样的。因此，就任何一步运算而言，每台计算机的计算结果都应该是完全一样的。这些运算结果要经常拿来对比，但是因为计算机的运行速度可能有轻微的差异，所以在每一次比较之前，要启动一个停顿和等待系统。如果有一台计算机的计算结果与其他计算机不一致，或者它计算得太慢了，那么其他三台计算结果一致的计算机就会被系统承认，而那台表现不佳的计算机就会被系统彻底淘汰掉。（而这三台计算机中）如果有一台计算机也失灵了——评判依据是其他两台计算机结果一致，那么它也要被系统淘汰，它负责的后续飞行任务也被取消。向预定着陆地点降落的任务启动，负责操控的是剩下的那两台计算机。由此可见，这其实是个冗余系统：仅有一台计算机失灵对它完成任务没有任何影响。最后，这个系统还有个额外的安全保障，那就是：还存在第五台独立的计算机——它的内存只装有发射爬升和降落程序，如果那四台主计算机有两台以上发生故障时，这台独立计算机还是能够控制降落过程的。

由于主计算机的内存空间有限，不能储存整个飞行过程中所有爬升、降落以及执行飞行任务的程序，所以这些程序要靠宇航员利用磁带安装，前后总共要安装四次。

为一个如此精密的系统更换软件系统需要耗费大量精力，更不用说换掉整个系统，所以，这个系统投入使用这15年来，硬件一直没有动过。现在的硬件系统已经过时了，就拿内存来说，还是老式的铁氧体磁芯。找到能供应这种老式计算机的生产商，还要求性能可靠、质量过硬，现在已经变得越来越难了。现代计算机的性能可靠得多，运转也快得多，电路简化了，还可以做更多的事情，而且不需要多次安装程序——因为它们的内存要比老式计算机大得多。

对软件的检测非常仔细，采取的是自底向上的方法。首先要逐行检测新的程序代码，然后检测有特定功能的代码段或模块。检测的范围逐渐扩大，直到新的变化全部融入整个系统并得到检测。这个完整的输出被当作最终的产品、最新发布的版本。但是，此外还有一个完全独立的独立检查团，他们对待软件研发团队的态度很严苛，他们测试和检查程序软件的细致程度，不亚于收到送货上门商品的消费者。在模拟器等部件启用新程序时，还要通过一个额外的验证测试。如果他们在验证测试中发现错误，会将其认定为非常严重的事故，而且，为了避免将来出现同样的错误，他们会非常仔细地研究导致错误发生的原因。迄今为止，在所有程序编程和程序更改（分别对应新的任务和任务调整）过程中，总共发现过六次这样的意外错误。他们遵循的原则是：所有这些检测不属于程序安全性的一部分，而是对安全性的测试，仅仅是为了避免灾难性后果。飞行安全与否，其判断依据就是这些测试中程序运行的状况，这里发现的任何错误都会引起有关部门的重视。

现在总结一下，计算机软件检测体系及其检测的仔细程度确实达到了最高水准。这里并没有出现这种情况：一边降低标准，一边自欺欺人——对于固体火箭助推器或航天飞机主发动机的安全体系来说，这种情况很明显。确实，管理层最近已经提议要减少这样复杂、耗资又如此巨大的测试——他们认为，在航天飞机发展业已成熟的现阶段，做这些测试是没有必要的。我们必须抵制这些建议，因为持这种看法的人，他们没有认识到微妙的相互影响，整个项目的某一部分即便一个很细微的变化导致的错误也会影响到项目的其他组成部分。飞船的使用者一直在不断地提各种修改要求：要么提出新的任务，要么提出新的要求和修改意见。而按照他们的要求进行修改，代价很昂贵，因为需要做全面的测试。要省钱，合理的办法是尽可能减少变动，而不是降低每一次改动后（必须要做的）测试的水准。

有人可能要说，完全可以采用更先进的硬件和编程技术大幅度改进这套精密的系统。任何外部竞争者都在这件事情上有后发优势，对于 NASA 而言，这是否个好主意，它也该认真考虑一下了。

最后，让我们的视线回到电子系统的传感器和执行器上来。我们发现，在关乎整个工程安全的故障和可靠性问题上，人们的重视程度反而不如他们对待计算机系统的态度。举例来说，我们发现了一个问题——一些温度传感器不时发生故障。而 18 个月之后，我们发现，同类的传感器还在使用，仍然时不时发生故障，直到有一次，两个温度传感器同时发生故障，发射任务不得不取消。可是在下一次飞行任务中，这种不可靠的传感器还在用。反应控制系统的情况也是这样，它的火箭助推器在飞行中起到重新定位和控制的作用，可是性能也不太可靠。长期以来，虽然发射故障常有发生，但是因为有相当数量的冗余系统，还没有一次故障严重到影响整个飞行任务。传感器负责检查火箭助推器的性能，如果一个火箭助推器未能成功点火，计算机就会选择另一个火箭助推器来点火。但是，从设计的角度讲，火箭助推器就不应该失效，这个问题应该得到解决。

结论

如果要执行一个合理的发射计划，工程技术的进展速度往往不可能满足最初的准许（飞行）标准的要求——那个准许标准定得非常严格，目的就是确保打造一个安全系数非常高的飞行器。在这种情况下，有关方面往往借助很微妙的、表面上又富有逻辑的论证，让标准得以改变，从而使飞行计划可以按时通过。这样一来，人们就要在一个相对不安全的条件下去执行飞行计划，其失败概率的量级在 1% 左右（人们要得到更精确的数据，那就很难了）。

另一方面，官方管理层声称，他们相信飞行计划失败的概率是这个数据的 1/1000。他们这么做的一个原因可能是：让政府看到 NASA 计划周全，还能按时把事情干得很漂亮，以确保政府给予资金支持。另一个原因可能是他们真的相信失败率极低——这说明他们和一线工程师的沟通严重缺乏，甚至到了匪夷所思的程度。

无论是出于何种原因，都已经带来了非常不良的后果，其中最为严重的莫过于他们鼓励普通民众搭乘这样一艘危险的飞行器，就好像让他们乘坐普通飞机航班一样。和试飞员一样，宇航员应该清楚自己所冒的风险，我们钦佩他们的勇气。谁能否认麦考利夫（McAuliffe，"挑战者号"航天飞机上的那位女中学教师）的勇气呢？她能觉察到更真实的风险，而不是 NASA 官员让民众相信的那种级别的风险。

我们给 NASA 的官员提一些忠告吧，确保他们能够脚踏实地，直面现实，努力去充分了解航天技术的弱点和缺陷，进而能积极设法解决这些问题。在比较航天飞机和其他进入太空的方法在成本和成效方面的不同时，他们一定要遵循实事求是的原则。同样地，在签订合同、估算成本和评估项目难度等环节，他们也一定要秉承实事求是的态度。他们提出的飞行计划的时间安排一定要合理和切合实际，实施过程中也不至于为了赶期限导致状况百出。如果他们一一照做了，却得不到政府的支持，那就随他去吧。NASA 得到的是公众的支持，它应该对公众持坦诚和诚实的态度，而且它有义务告知公众所有的真相。这样的话，这个国家的公民们就会在怎样运用他们有限的资源这件事上做出最明智的决定。

对于一项成功的技术来说，尊重现实一定要凌驾于公共关系之上，因为你不能愚弄自然（规律）。

第八章

科学是什么

　　科学是什么？这是常识！真的是这样吗？1966 年 4 月，费曼在全国科学教师协会（NSTA）大会上发表了一次演讲，在演讲中，他指导同行们如何去教学：教会学生像科学家那样去思考；教会他们用好奇的眼光、开放的心胸，最重要的是，用怀疑的态度去观察世界。这个演讲也要归功于费曼的父亲，他是一位制服销售员，是他教会费曼如何去看这个世界的。

感谢德罗斯先生给我这个机会，让我加入科学教师的大会。我也是一名科学教师。我的教学经验仅限于给研究生上物理课，而这种教学经验让我明白了一件事情：我自己并不知道该如何去教学生。

你们是真正的教师，在基础教育领域从事一线教学工作。你们指导新教师，安排课程是你们的专长，但我相信，你们也不清楚如何当好一名科学教师，要不然你们就不用费那么大劲跑这儿来参加这个会议了。

"科学是什么"——这个题目不是我选的，这是德罗斯先生给我出的演讲题目。但是我想说的是，我认为"科学是什么"根本不能等同于"怎么教科学"，我必须提醒你们注意这一点。理由有两个。首先，我站在这里准备给大家讲课，好像是要告诉你们怎么教科学——其实我根本没有这个意思，因为我对小孩子并不了解。我自己有一个孩子，所以我知道自己不怎么懂小孩子。其次，我想你们大多数人都缺乏那么一点儿自信（因为有那么多的演讲、那么多的论文和那么多的专家来探讨如何教学）。某种意义上，好像总有人对你们讲：为什么你们老师教不好学生，你们该学学怎样更好地去教学。我不会对你们横加指责，我也不会给你们什么所谓的"锦囊妙计"——照着做就一定能提高教学效果的方法。这不是我的来意。

实际上，每年都有很优秀的学生考入我们加州理工学院。这些年来，我们发现考进来的学生越来越优秀了。这到底是怎么一回事，我不知道，但我想你们可能知道原因。我不想干预这种教学体系，它运行得很好。

就在两天前，我们开了个会议，决定没有必要再在研究生院开初等量子力学这门课程了。我读书的时候，研究生院都没有量子力学这门课程，老师们认为这门课程太难了。我刚开始教课的时候，我们的研究生院有了量子力学的课程。而现在，本校的本科生就要上量子力学的课了。而且，我们也发现，对于从外校考进我们研究生院的学生，现在也没有必要开设初等量子力学了。为什么这门课变成基础课了呢？那是因为，我们的本科教学质量提高了，其中很大一个原因就是：学生进大学之前接受了更好的教育。

科学是什么？当然，如果你们教的是科学课，你们肯定都知道。这是常识。我为什么这么说呢？因为如果你不知道答案，每本教科书的教学参考书里都会对这个问题有详尽的探讨。你会读到培根在数百年前说的话被任意曲解，人们断章取义，然后把它们胡拼乱凑在一起。在当时，培根的这番话被认为是对科学深刻的哲学解读。但是，当时最伟大的实验科学家之一，威廉·哈维 [1] —— 当时真正在做科学研究的学者 —— 说："培根所谓的科学，是大法官的科学；培根提到了观察，但遗漏了判断力中最关键的因素，即要观察什么、什么值得注意。"

所以说，科学不是哲学家们嘴里的模样，当然更不是教学参考中所说的那样。"科学是什么"，这是我在接下这个讲座任务后给自己提的一个问题。

在这之后不久，我想起了一首小诗：

> 一只蜈蚣十分快乐，直到一只蟾蜍来开玩笑
> 说："嗨，你哪只脚先走，哪只脚后走？"
> 蜈蚣很困惑，但始终想不透
> 最终，它心神不定，掉进阴沟
> 却不知道该先迈哪条腿逃走

---

[1] 威廉·哈维（William Harvey, 1578—1657），发现了人体的血液循环系统。——编注

我这一辈子都在做科学工作，也知道科学是什么，但是要我到这里来告诉你们"科学是什么"就像是要蜈蚣说出"哪只脚先走，哪只脚后走"，这个我做不到。而且这首诗的类比修辞也让我发愁，我担心回去后我不知道该怎样做研究了。

在这次演讲前，已经有各路记者千方百计打听这次演讲稿的内容，而我不久前才着手准备，所以他们不可能打探到什么结果，但是我现在看到他们全都冲出去发稿子，估计题目会是这样："费曼教授把 NSTA 的主席比作癞蛤蟆。"

要把"科学是什么"讲清楚有难度，而我又不喜欢哲学化的表述，那么，今天我要用一个很不寻常的方法来表达我的观点。我要告诉你们，我是怎么理解科学的。说起来有那么一点点孩子气。在我还很小的时候就是这么理解的，可以说从一开始它就进入了我的血液。我要告诉你们，对科学的这种理解是怎样潜移默化地改变我的。这听起来像是我会告诉你们怎么去教学，但是这不是我的本意。我是想通过讲述"我是怎样学会理解科学的"来告诉你们"科学是什么"。

这都是父亲教我的，他让我知道了"科学是什么"。据说——我没有亲耳听到——我母亲怀我的时候，我父亲说："如果是个男孩，我会把他培养成一个科学家。"他是怎么做到的呢？他从来没有对我说过这样的话：你应该做个科学家。他自己也不是科学家，他是个商人，一个制服公司的销售经理，但他喜爱科学，经常阅读这方面的东西。

我很小的时候——这是我记得的最早的一件事情——那时我还需要坐在高脚的儿童餐椅上吃饭，父亲晚饭后会和我玩一个游戏。他从长岛市不知什么地方买回来大堆的旧的浴室地板砖，长方形的。我们把瓷砖一个接一个立起来，摆成很长的一条。接着，父亲允许我推倒最后一块瓷砖，然后我们看着整条瓷砖长龙倒下去。很好玩。

再后来，游戏升级了。那些瓷砖有不同的颜色，他要求我按顺序放一块白的，然后两块蓝的，接着再放一块白的和两块蓝的，就这样把所有的瓷砖摆好 —— 我也许想先放一块蓝色的，但按他的要求必须先摆一块白色的。我想，你们已经领会到其中暗含的教学智慧，其实这并不深奥 —— 先让他喜欢上一个游戏，然后慢慢往里面加教育的内容！

相比之下，我母亲要感性得多。她开始意识到父亲的良苦用心，她对父亲说："麦尔，要是这可怜的孩子想放一块蓝的瓷砖，你就让他放吧。"父亲回答道："不行，我要他注意上面的图案。这是我现在唯一能教他的，这相当于最基础的数学。"如果我是在讲"什么是数学"，我想我已经告诉你们答案了。数学就是寻找图案（实际上，这种教育确实有一些效果。我上幼儿园的时候，要接受一个现场测试。那时候我们有编织课。这种课对小孩子来说太难了，现在他们已经取消了这个课程。在课堂上，我们要用彩纸穿过垂直的带子来编织图案。幼儿园的老师很吃惊，她特地给我父母写了封信，说这孩子很不寻常，因为他能提前知道接下来会编织出什么样的图案，而且能编织出令人叹为观止的复杂图案。看来，小时候的瓷砖游戏对我确实有些帮助）。

我再举一个例子来说明数学仅仅是图案。我在康奈尔大学时，对那里的大学生群体相当感兴趣。在我看来，那个群体的主体是一大群愚钝的学生（里头有很多女生），他们上的是家政课之类的东西，只有一小部分学生有点头脑，是可造之才。我常常坐在校园的咖啡店里，那里有很多学生。我一边吃东西，一边听他们聊天，看看他们嘴中能不能蹦出个把有智慧的词语。有一天，我发现了一件很棒的事情 —— 起码对我来说是这样的，你可以想象我是多么惊讶。

我听到两个女孩在闲聊，其中一个向另一个解释："如果你想得到一条直线，你可以这么做：你起每一行时，你都要向右边走一个固定的距离，也就是说，你每走一行时都要走一个相同的量，那么你就能得到一条直线。"那可是解析几何里一条深奥的原理！她继续说下去，我简直惊呆了。我以前真不知道女性的心智竟然能够理解解析几何。

她继续说："假设你还有一条线从另一边过来，然后你想计算出这两条线在哪里相交。假设这条线，你每向上移动一个量，它就向右移动了两个量；而另一条直线，每向上移动一个量，它就向右移动三个量，而它们一开始相距 20 步……"我听得目瞪口呆。她竟然算出了交点在什么地方！再听下去，我才弄明白她们在谈什么，竟然是一个女孩教另一个女孩怎么织菱形花纹的短袜。

从这件事我学到一点：女性有能力理解解析几何。有些人多年以来坚持认为：女性和男性一样，都有理性思维能力（虽说反面证据比比皆是），他们说的也不无道理。问题也许就在于我们从未找到一种和女性沟通的方法。如果方法得当，你也许能有新的发现。

好，我继续讲我自己小时候学数学的亲身经历。

我父亲告诉我的另一件事情——我说不好，说是一件事情，其实更多的是情感因素——所有的圆，不管它尺寸多大，其周长与直径的比率都是一样的。对我来说，这并不是很难理解的，但是这个比率很奇妙，那是一个美妙的数字，一个很深奥的数字，它叫"派"[1]。那时候我还是个小孩，不能完全理解这个数字的奥秘，但这是个了不得的东西，从此我到处留心寻找这个 π。

后来我上了小学，学会了怎么求小数，怎么计算，我计算出的结果是 3.125，并且想，我又知道了圆的周长与直径之比 π 的另一

————
(1) 即希腊小写字母 π。——编注

种写法。老师把它纠正为 3.1416。

我说这些事情就是想说明早期教育的影响。"这还是一个未解的秘密""这个数字很神奇"这样的想法对我很重要，那个数字本身是什么并不重要。很久之后，我在实验室做实验——我说的是在自己家里弄的一个实验室，其实也就是捣鼓点小东西——不，对不起，我没有做实验，从来不做；我只是胡乱捣鼓点小东西。我组装了一台收音机和一些小玩意儿，就是瞎鼓捣。渐渐地，通过书本和手册，我开始发现一些方程式可以用在和电相关的东西上，比如电流和电阻之类。有一天，在一本书上，我发现了一个振荡电路频率的计算公式，$2\pi\sqrt{LC}$，其中 L 是电感，C 是电路的电容。这儿有个 π，但是圆在哪儿呢？你们在笑，但是我当时是很认真地在思考这个问题。在我印象里，π 是和圆相关的一个东西，现在电路里也出来了个 π，那么圆在哪儿？是用什么符号表示的呢？你们这些在笑的人，你们知道这个 π 怎么来的吗？

我身不由己地爱上了这个东西，不由自主地去寻找它，思考它。然后，我意识到，线圈是圆的，一定跟这个有关系。大概半年后，我看到另一本书，书上有圆形线圈产生的电感，还有方形的线圈，它也能产生电感，而这些公式中也有 π。我又开始思考，我认识到 π 不是从圆形线圈里来的，它们之间没有什么关系。现在我能更好地理解 π 了，但是在我心中，我仍然不太清楚那个圆在哪儿，那个 π 又是从哪儿来的……

我想就语言和定义的问题说几句，先中断一下我的小故事。因为我们必须学习语言。它不是科学，但这并不意味着：仅仅因为它不是科学，我们就可以不教语言。我们不是在谈怎么教学，我们是在谈科学是什么。知道怎么把摄氏温度转换成华氏温度，这不是科学。这种知识很重要，但它不是严格意义上的科学。同样地，如果你在讨论什么是美术，你不会说，美术等同于"3B 铅笔比 2H 铅笔柔软"这样的知识。两者完全不是一码事。这并不是说，美术老师不该教这些铅笔的知识，也不是说画家不懂这个也会画得很好（其实，你只要试一下，一分钟之内就能发现 3B 铅笔确实比 2H 铅笔柔软，但这是个科学的方法，而美术老师可能不会想到要去解释它）。

为了与别人交谈，我们必须使用语言，就是这样。你想知道这两者有什么不同，这很好，你要弄清楚我们什么时候在教科学的工具——比如语言，什么时候在教科学本身，这也很好。

为了把这一点说得更清楚些，我要挑一本科学课本，指出一些问题，可能不怎么留情面。这可能有些不公平，因为我相信，不用费什么力气，我同样能在其他书里找到类似的问题来批评一番。

这是一本一年级的科学课本，很遗憾，一年级的第一堂科学课，它就以一种错误的理念来教小学生学习科学——对于科学是什么，教科书自身的理念就是错误的。书上有几幅图：一只可以上发条的玩具狗，一只手按下发条的按钮，然后这狗就能动。最后一幅图的下面写着一个问题："是什么让它动起来的？"紧接着是一张真狗的图片，还是这个问题："是什么让它动起来的？"在这后面，是一张摩托车的图片和同样的问题："是什么让它动起来的？"就这样一路问下去。

一开始，我以为他们准备向学生介绍科学有哪些学科门类，比如说物理、生物、化学。可事实不是我想的那样。这本书的教学参考给出了这样的答案："能量让它动起来的。"

能量是个很难捉摸的概念，人们很难正确把握它。我的意思是，能量这个概念，人们如果想要能够正确运用它，想要用能量的概念正确地推导出一些东西，是很难的。这超出了一年级小学生的接受能力。（这样子来回答那个问题，）还不如说"上帝让它动起来的""意念让它动起来的"或"可移动性让它动起来的"（就实际效果来说，这样的回答和"能量让它动起来的"是一样的）。

我们应该这样来看：那只是能量的定义。我们应该反过来解释。我们应该说"如果某个东西能运动，它里面就有能量"，而不是"使它运动的是能量"。这个差别很微妙。惯性也一样。我来把这个差别说得更清楚一点：

你问一个孩子"是什么让玩具狗动起来的"——假如你问一个正常人这个问题，那你就应该先思考一下。答案是：你拧紧发条，而发条要松下来，于是这个力推动齿轮转动。这是多好的科学课启蒙啊！我们把玩具拆开，看看里头是怎样运转的。你要观察齿轮的巧妙设计，你要观察棘轮。学一些关于这个玩具的知识，安装玩具的方法，人们能设计出棘轮还有其他东西，由此可见人类的智慧，等等。这样会很好。（那本教科书上的）问题提得很好，答案未免有点缺憾，因为他们想要教给学生的是能量的定义，但是学生什么也没学到。

设想一下，假如一个学生说："我不认为是能量让它运动的。"你该怎么把问题讨论下去呢？

我最终想出了一个办法，可以用来检测你究竟是传授了一个思想还是教了一个概念。我们这么来检测："不要用你刚学到的新词，用你自己的语言复述一下你刚学到的内容。""不要用'能量'这个词，请告诉我，关于那个玩具狗的运动，你现在学会了哪些知识？"如果你说不出来，那么，你除了概念什么也没学到。相关的科学知识你什么也没学到。这也许还不大要紧。关键是你可能立马不想学习科学了，因为你不得不学习很多定义。用来启蒙的第一堂科学课就是这个样子，这难道没有可能（给科学教育）带来毁灭性的灾难吗？

我认为，在第一堂课上只是为了回答问题去学习一个神秘的词语，这简直太糟糕了。那本书上还有其他例子——"重力使它下落""你的鞋底磨损了，是因为摩擦力的作用"。鞋子磨损了，是因为它和人行道频繁接触，人行道上坑坑洼洼，很容易磨损鞋子。仅仅扔出"摩擦力"这个专用名词来解释，实在令人提不起兴趣，因为这不是科学。

我父亲也讲过一点跟"能量"有关的事情，在我有点儿理解它之后，他就开始使用"能量"这个词。假如他要给我讲解能量问题，我想他会这么做——他确实做过类似的事情，虽然他举的例子不是玩具狗。如果他真的拿玩具狗做例子，他会说："它动了，是因为阳光的照射。"我会说："不是的。这和阳光的照射有什么关系？它动了，是因为我给它上了发条。"

"那么，我的朋友，你怎么有力气上这个发条呢？"

"我吃东西了。"

"你吃什么了，我的朋友？"

"我吃粮食了。"

"粮食是怎么生长起来的？"

"因为阳光的照射。"

狗也是这样。汽油呢？也是太阳能的积累：植物吸收太阳能，随后把它储存在地下。其他事物也一样，最终都和太阳有关。你看，同样是自然界的一件事情，我们的教科书上表述得那么死板，这里却讲得这么生动。我们看到的所有运动着的东西，它们之所以能够运动都是因为阳光的照射。这确实解释了一种能量可以转变为另一种能量。但是孩子也可以不接受这样的解释，他会说："我认为这不是因为阳光的照射。"然后你可以和他展开讨论。这就是区别所在（稍后我可能向他提更有难度的事情，比如潮汐，比如什么力量让地球转动，这样我就又要用到那些神秘的字眼了）。

这只是一个例子，说明抛出那些物理学名词和真正教科学的区别。那些物理学名词是必不可少的，我们反对的只是在第一堂课上就讲这些。学到后面肯定要引入这个名词的定义，告诉你什么是能量，而不是针对"什么让狗动起来的"这样简单的问题。面对孩子，我们应该给出符合他们兴趣的答案："拆开它，我们来看看里面有什么。"

和父亲在树林里散步时，我学到了许多东西。比如看到鸟，他不会忙着告诉我鸟的名字，而是说："看，那鸟总在啄自己的羽毛。它老是在啄羽毛。你想想看，它为什么啄羽毛呢？"

我猜想："是羽毛乱了，它想把羽毛理顺。"父亲会问："那鸟的羽毛什么时候弄乱的？还有，它的羽毛为什么会弄乱呢？"

"飞的时候。它在地上走的时候，羽毛不会乱。但是飞的时候，羽毛就乱了。"

然后他会说："照你这么想，鸟刚刚落地时，就会去啄羽毛，而它理顺羽毛之后，在地上走来走去时，就不怎么啄羽毛。好，我们来看看。"

于是我们就过去看，仔细地观察。我观察到的结果是：鸟不论在地面上走了多久，它都会去啄羽毛，就跟它刚刚从空中飞下来时一样。

我猜错了，可是我真的猜不出真正的原因。这时候，我父亲就会告诉我答案：

那是因为鸟的身上有虱子。鸟的羽毛里会掉下来一些小皮屑，那东西是可以吃的，虱子就吃这东西。虱子身上有一点点蜡，那是因为虱子腿部的关节能分泌出这东西。在那里有一只非常小的虫子，它靠吃蜡生活。小虫子能有这么多的东西吃，最后导致它消化不良，因此它排泄出的液状物里就有很多糖分，还有一种微小的生物就靠这糖分生存，等等。

父亲所说的这些，虽然不完全正确，但是这种方法是对的。首先，我学到了"寄生"这个概念，一个生物靠另一个生物生存，这个生物再依赖另一种生物，一直有能依赖的对象。

其次，他接着说，在自然界，只要有可以吃的东西，能维持生命，不管它是什么东西，都会有某种形式的生物找到利用这种资源的方法，而且一点点吃剩的东西都会有别的生物来吃。

我要说的就是，即便观察后，我还不能得到最终的结论，可是，观察得到的结果就是一块金子，这是很有价值、非常神奇的结果。这确实很神奇。

你们假设一下，如果当初他要求我去观察，要求我拉一个单子，要求我把观察的结果记下来，去做这做那，还要去观察。而如果我真的列了这张单子，那么这单子会和其他130张单子一起被归档，放在一个笔记本的后面。如果是这样，我就会觉得那些观察的结果没什么意思，而且我从中也不会学到多少东西。

我认为有一点很重要——至少对我来说很重要：如果你想教导别人去观察，你得让他知道，通过观察他会发现美妙的东西。我就是在观察时懂得了科学是什么。科学需要耐心。如果你看了，你仔细观察了，你确实用心了，你会得到巨大的回报（虽然不是每次都会有这样的回报）。所以，当我更大一些的时候，我会不辞辛苦地研究问题，一个小时接着一个小时地工作，坚持数年如一日——有时一干就是很多年，有时候时间短一些。其中有很多工作都失败了，很多东西都进了废纸篓，但时不时会有灵光一现，问题有了新的突破，那是我童年时就懂得期待的东西——观察得到的结果。因为我知道观察是值得花费精力的。

顺便说说，我们在森林里还学到了其他一些东西。我们会出去散步，看到各种寻常的东西，还会谈论很多事情：我们谈论正在生长的植物，树木如何努力获取阳光的照射，它们如何努力生长得尽可能高，长到 35 英尺或 40 英尺以上时，它们如何解决吸收水的问题；我们还谈论地上的小植物寻找树荫间漏下来的一点点阳光，所有在地上长出来的东西，等等。

在我们看了所有这些以后，有一天，父亲又带我去了森林，并说："这段时间我们都在观察森林，但是这里正在发生着的事情，我们只看到了一半，正好是一半。"

我说："您这话是什么意思？"

他说："我们已经看到所有这些东西如何生长，但是每一点生长，一定要有等量的枯萎，否则资源就会被耗尽。如果枯死的树在耗尽了空气和土壤中的物质之后，仍然立在那儿，它们没有腐朽败坏，就不能回归自然，树木里的成分就不能回到土壤或空气中去。这样的话，其他的植物就不可能生长了，因为土壤和空气中已经没有可吸收的物质了。"所以，每一点生长必须对应着等量的腐坏。

之后，我们又经常进树林散步。我们会刨开枯死的树桩，看见里面有趣的小昆虫和菌类正在生长 —— 他当然不可能把细菌给我看，但是我们看到了物质被细菌腐化变软的样子。因此在我眼里，森林就是一个物质不断转化的地方。

父亲继续用自己奇特的方式给我讲了许多事情。他经常以这样的方式开头："你想象一下，一个火星人要来地球看看。"这是观察世界一个很好的方法。比如在我玩电动火车的时候，他告诉我："有一个大轮，它被水冲着转啊转；它上面连着许多细铜线，这些细铜线伸向各个方向，一直往外伸啊伸啊；铜线上连着小轮子，大轮子转动的时候，所有的小轮子也跟着转动起来。大轮子和小轮子只是靠着铜（线）和铁（线）连接着，没有其他东西，没有那些转动装置。你转动一下这里的大轮子，这儿所有的小轮子也跟着转动起来，你的电动火车就好比其中的一个小轮子。"父亲给我呈现的就是这么一个奇妙的世界。

…………

何谓科学，我想，它可能是这样一回事：在这个星球上，生命进化到了一个阶段，智慧生物出现了——不仅仅是指人类，也包括那些能嬉耍的动物，它们能从这些活动里学到一些东西（比如猫）。但在这个阶段，每个动物只能从自身的经历中学到东西。它们又渐渐进化，直到某些动物学习能力变得更强，不仅能更快地从自己的经历中学到东西，还能从别的途径学习，比如通过观察其他动物的经历，或是有别的动物给它亲身示范，或是它能够模仿另一个动物。于是就有了这样的可能性：所有的动物都可能学到这些经验，但是这种经验的传承没有效率，而且掌握这些经验的动物可能会死掉，至于学到了这些经验的动物，也许在它能够把经验传授给其他动物之前就死掉了。

问题是，有没有可能学得更快一些——学习的速度能超越遗忘的脚步？那些碰巧学到的东西，可能因为学习者的记忆力不好，也可能因为学习者或发明者的死亡而被遗忘。

也许，就出现了这样一个阶段，某种动物的学习效率提高到了这样一个程度，突然之间整件事情有了一个崭新的面目：某个动物学会了一些事情，紧接着就传授给另一个动物，它再接着传授给下一个动物，它们传授知识的速度如此之快，足以使这些知识不会在这个种群内消失。于是整个种群的知识就有可能积累起来。

这种现象被称为世代累积性（time-binding）。我不知道是谁发明的这个词，不管怎么说，刚才说的那一个种群的动物，他们中的一些现在就坐在这儿，想把这个经验和那个经验结合起来，每一个都努力向另一个学习。

一个种群拥有自己种群的记忆，拥有代代相传积累起来的知识，这是自然界的一个新现象。但是，这也有一个弊端，因为有可能传递错误的东西——对这个种群没有好处的思想。这个种群有思想，但有些思想不一定有益。

于是我们又到了这么一个时期，思想非常缓慢地累积起来，不仅包含实用和有用的东西，还混杂着大量形形色色的偏见和千奇百怪的信仰。

后来，人们发现了一个避免这种弊病的方法。那就是存疑。人们不确定流传下来的东西是否真的正确，想重新亲自验证事情的真相，不想盲目相信学到的东西。这就是科学：经过重新检验的知识才是可信的，而不是一味相信前人留下来的知识。我就是这么看待科学的，这是我能给出的最好的定义。

为了提高大家的兴致，我想说说大家都很熟悉的事情。宗教人士传教的时候，他们不是对人们说教一次就完事的——他们要反复说教。我想，向人们传授科学知识也有必要这么做，运用不同的方法，孜孜不倦地激励人们学习科学，让大家记住科学的意义所在，不仅教孩子们，还要教成人，教每个人。我们这样做，不仅仅是为了让自己成为更好的公民，或者更有能力去控制大自然；我们这么做还有别的意义。

那就是学习科学造就了我们的世界观。我们重新验证知识，从中可以发现自然的美与神奇。也就是说，我刚刚向大家提到的那些事情的神奇和美妙：物体之所以运动，是因为阳光的照耀。这个说法很深刻，很奇异，也很美妙（当然，并不是世间万物的运动都是因为阳光的照耀。地球的自转就和阳光照耀无关，还有，近来的核反应也能产生能量，这是我们这个星球的新能源。另外，也许导致火山爆发的能量也与太阳能无关）。

学了科学之后，我们看到的世界就变得很不一样了。举个例子，我们知道树木生长的原料主要来自空气（中的二氧化碳），树木燃烧的时候，它们又被释放到空气中。而燃烧释放的热量，正是原先来自太阳的热量，它们曾在光合作用中起作用，利用空气（中的二氧化碳）形成树木（的有机养分）。最后剩下一小堆灰烬，它们不是来自空气的，而是来自土壤的。

这些都是很美妙的事情，科学的世界里到处是这些美妙的东西。它们很有启发性，也可以用来启发他人。

科学的另一个价值，就是倡导理性思考，它同样也倡导自由思考的重要性；怀疑前人教给我们的东西是否都是正确的，其成果就是理性思考。你一定要把科学和科学研究的形式或流程（后者有时能促进科学的发展）区别开来，尤其在教学中，你们老师一定要区分二者的不同。说出科学研究的流程，比如我们写（报告）、做实验、观察，等等，这个很容易，你完全可以照样画葫芦。拿宗教来说，过分注重形式却记不住宗教领袖最重要的教诲，原本伟大的宗教最终落得个支离破碎、分崩离析的下场。同样地，我们可能只注重科学（研究）的形式，还把它当作科学，实际上充其量也就是伪科学。如此一来，我们都尝到了苦头，现如今很多研究所的研究氛围很是沉闷，没有研究自由——这些机构都受到了伪科学顾问们的影响。

我们对教学做过许多研究，比如说，人们进行观察、记录和统计，但是这种行为并不是真正的科学研究，得到的结果也不是普遍获承认的知识。它们只是模仿了科学研究的形式——就好像南太平洋岛屿上的居民用木头建造飞机场和无线电发射塔，期望有朝一日一架大飞机会降落在那里。他们甚至还造出了木头飞机，外形跟他们在周围国家的飞机场上看到的飞机一模一样，但是奇怪的是，这些飞机就是飞不起来！这种伪科学模仿的结果就是造就了很多专家，你们当中很多人就是专家。你们这些教师，真正从事基础教育的教师，时不时你们也可以怀疑一下专家。但是学习了科学精神后，你们必须怀疑专家。实际上，我还可以从另一个角度来定义科学：科学就是坚信专家也有无知的时候。

当一个人说"科学指导我们这个指导我们那个"，他说得不大准确。科学并不会教我们这些那些，那是经验在教导我们。如果他们对你说"科学已经表明……如此这般的"，你应该反问："科学是怎么证明这个的？科学家是怎样发现这个的——怎样发现，发现了什么，在哪儿发现的？"能说明问题的不是科学，而是实验，实验结果才可以说明这个问题。你和其他人有同等的权利，在获取实验结果的基础上（但是我们一定要了解所有的实验证据），自己去判断：通过这个实验，我们是否已经获得一个可以被再次运用的结论。

在一个真正的科学还没有发展到一定地步的复杂领域，我们不得不依赖一种古老的智慧——绝对的坦率。我想鼓励从事科学基础教育的教师们，你们要乐观一点，对待常识要有一些自信，要有自己的头脑。你们要知道，指导你们的专家也许是错误的。

我或许已经破坏了教育秩序，将来考进加州理工学院的学生也许不会再这么优秀了。我认为，我们现在生活在一个没有科学的时代，几乎人们所有的交流、电视上的言论和书本，所有这些都充斥着不科学的东西。不是说那些内容不好，我是说它们是不科学的。于是，就出现了大量打着科学旗号的智力专制。

说到底，人不可能有来生。每一代人都会从自己的经历中发现一些东西，他们必须把这些发现传给下一代，但是这种知识的传递必须在继承和扬弃之间保持微妙的平衡，以免我们人类（现在人类已经知道自己容易犯以讹传讹的错误）把错误的知识强塞给下一代。但是我们人类确实把自己积累的智慧传递了下去，还有那些也许称不上智慧的"智慧"。

在传承先辈的知识这个问题上，我们很有必要教学生一种技能：

如何在"取其精华"和"去其糟粕"两者之间保持一种平衡，这需要相当高超的技巧。科学的各个学科门类在其发展过程中都有过这样的教训：认为先辈大师们字字珠玑、说的都是绝对真理，这样的信念是很危险的。

各位继续努力！谢谢大家！

第九章

世界上最聪明的人

　　这是科幻杂志 *Omni* 在 1979 年采访费曼的文字记录，这次采访很精彩，其间费曼谈了他最了解和最喜欢的物理学，也谈了他最不喜欢的学科——哲学（"哲学家应该学会自嘲"）。访谈中，费曼还谈到了为他赢得诺贝尔奖的研究——量子电动力学（QED）；接着他还谈到宇宙学、夸克以及那些令许多方程式陷入困境的烦人的无限大数值。

"我觉得，这个理论只是把困难扫到地毯下去了，当然，对此我也不能肯定。"这听起来好像是在某个科学论坛上，一篇有争议的论文宣读之后，听众发表的礼节性的、温和的批评。但是，这是费曼在诺贝尔奖颁奖典礼上发表的演讲。他质疑的正是自己的理论——量子电动力学，最近被誉为"人类发现的最精确的理论"。根据它做出的预测，经过实验证明，误差均在百万分之一的范围内。20世纪40年代，当费曼、施温格和朝永振一郎各自分别发现这个理论时，同行们为之欢呼，称之为"大扫除"——长期遗留的难题终于可以解决了，这个理论堪称20世纪物理学领域内两个伟大理论——相对论和量子力学——的完美结合。

在费曼的整个科学生涯中，他一直把自己理论方面的天分与不惧权威的怀疑主义精神结合在一起。1942年，费曼在导师约翰·惠勒的指导下，获得普林斯顿大学博士学位。之后，他被招进了曼哈顿计划小组。在洛斯阿拉莫斯，这个精灵古怪的25岁年轻人既不畏惧身边的物理巨匠（尼尔斯·玻尔、恩里科·费米、汉斯·贝特），也不在意这个顶级机密工程紧张严肃的氛围。他开保险柜的绝活令所有安保人员心惊肉跳——他能破解保险柜密码，或是靠辨听密码锁内部构件的细微运动，或是靠猜测保险柜主人会选择哪个物理常数做密码（从那以后，费曼一直没有改掉这个癖好，他在加州理工学院的很多学生，在跟他学物理的同时，也学到了开保险柜的绝技）。

战后，费曼去了康奈尔大学工作。如他在访谈中详细谈到的，正是由于贝特的启发，他才开始研究"无限大数值"课题的。在这之前的 30 年间，氢原子电子的精确能级和电子之间的作用力（电子运动得太快了，必须考虑相对论效应）一直是物理研究的前沿课题。这个理论指出，每个电子周围都环绕着倏忽而逝的"虚粒子"，虚粒子的质能是在真空中积聚的，这些虚粒子又能吸引其他的虚粒子——结果形成一个数学意义上的无穷大的集合，这预示着每个电子都有无限大的电荷。1943 年，朝永振一郎提出了一个能避开这个问题的新方法。几年后，他的想法才为人所知，而那时，几乎在同一时间段，费曼和哈佛大学的施温格也各自独立地在这个理论上迈出了决定性的一步。三个人因此分享了 1965 年诺贝尔物理学奖。那时，费曼的数学工具——费曼积分，以及他为研究粒子相互作用而发明的图表——费曼图，已经成为每位理论物理学家的必备工具。数学家斯坦尼斯劳·乌拉姆，另一位洛斯阿拉莫斯的老前辈，称赞费曼图是"一种能够推动思想发展的符号，它将被证明是有用的，甚至是别开生面和具有决定意义的"。举个例子，在时间中逆行的粒子这个想法就是从这套符号系统中自然衍生出来的。

1950 年，费曼来到帕萨迪纳的加州理工学院任教。他说话仍然带有浓重的纽约口音，但南加州似乎真是一个适合他居住的地方。他的同事们津津乐道的"费曼故事"中，他对拉斯维加斯的痴迷以及他丰富的夜生活总是占了很大篇幅。"我夫人很难相信我真的会接受这个邀请，非得穿上燕尾服给人发表演讲，"他说，"我自己确实也反反复复改了好几次主意。"在《费曼物理学讲义》的序言里——自从 1963 年结集出版，这本书被广泛用作大学物理教科书——他的形象是敲着康加鼓，狂放地咧嘴大笑（据说在邦戈鼓上，他能够一只手敲 10 下，同时另一只手敲 11 下。你不妨试一试，也许你会觉得，相比之下还是量子电动力学容易一些）。

费曼的其他成就包括他对氦的超低温相变研究的贡献，以及他和加州理工学院的同事默里·盖尔曼[1]对原子核 β 衰变理论的研究。费曼指出，这两个课题距离其最终解决还有很长的一段路要走。他甚至毫不迟疑地把自己的量子电动力学称为"骗局"，因为它没能解决一些重要的逻辑问题。一个人能做如此高水准的科学研究，同时难能可贵地保持着如此敏锐的怀疑精神，这到底是什么样的一个人？继续读下去，您自然能找出答案。

Omni：对于圈外人来说，高能物理的目标似乎是发现物质的终极组成成分。这种探索，我们似乎可以追溯到古希腊的原子，人称"不可分割的粒子"。但是，使用大型粒子加速器，你们可以得到比原先的粒子质量更重的粒子，也许你们得到的是不能再分割的夸克。这对于我们的终极探索来说意味着什么呢？

费曼：我认为不存在这么一种探索。哲学家们试图发现"自然如何运行"，他们可能随意谈论某种"终极粒子"，因为在某一特定时刻，大自然看上去正是这样的，但是……假设人们在探索一个新大陆，打个比方吧，他们看到水在地表流淌，之前他们见过这个，所以他们管这叫作"河"。接着，他们说自己要去探索，要去寻找河流的源头。他们逆流而上，确信这条河一定有源头，一切进行得很顺利。但是，你瞧，他们走了足够远，却发现整个水流系统跟他们设想的不一样：那儿是个很大的湖或是一些泉眼，或者那条河流成了一个大圆圈。你可能说："啊哈，他们弄错了！"但是，完全不是那么回事！他们做这事的真正目的是探索这片陆地，如果事实证明那里没有河流的源头，他们可能会为自己之前的草率定论感到有点尴尬，但也仅此而已。只要事物的构成形式像是一环套一环，你

---

[1]　默里·盖尔曼（Murray Gell-Mann, 1929—2019），因其在基本粒子的分类及相互作用研究方面的贡献和发现，获得 1969 年诺贝尔物理学奖。1954 年盖尔曼和茨威格（G. Zweig）引入了夸克的概念。——编注

就要去寻找最里面的一环，但是，也许不是这么回事，这种情况下，你要弄清楚的是"自己到底要找什么"。

Omni：但是，对你自己会发现什么，你肯定有一些预期，那儿一定会有山梁和山谷，诸如此类的……

费曼：是这样。但是，也有这种可能：你到了那里，发现到处云雾缭绕，怎么办呢？你预料会看到一些东西，你也能够研究出水源分布的地质学原理，但是当你发现那里只有一团云雾，或许，还有露水，但是在这一片云雾中你没法看清陆地，怎么办？出发时的想法全部被颠覆了！这样刺激的事情经常会发生。如果一个人自说自话：我们要去找终极粒子，或者统一场定理，或者其他特定的东西，那他就有些自以为是了。最终结果出乎意料，科学家甚至可能更高兴。你想，他会说这样的话吗？"噢，这不是我想的那样，没有所谓的终极粒子，我不想再研究这个了。"不是这样的，他会说："那么，这到底是什么东西呢？"

Omni：您宁愿看到这种情形吗？

费曼：个人偏好对事情没有什么影响：我找到的都是我（想）找到的。你也不能说事情总是会出人意料。几年前，我非常怀疑规范场论[1]的正确性，部分原因是我原本以为核子间强作用与电动力学的区别要更大一些，但是现在看来并非如此。我原本希望看到的是一片大雾，可是，现在我看到的更像是山梁或山谷。

Omni：物理学理论会继续变得越来越抽象、越来越数学化吗？现在的理论物理学家，有没有可能像 19 世纪早期的法拉第那样，没有很深的数学造诣，在物理学方面却有非凡的直觉？

费曼：我认为可能性很小。首先，你必须借助数学理解现有的物理学知识。此外，对于我们的大脑在进化中形成的能力而言，亚

---

(1) 描述亚原子粒子间各种相互作用的粒子物理学理论。——编注

原子核体系的行为还是太奇怪了。对它的分析必须非常抽象：为了理解冰，你必须理解那些与冰完全不同的东西。法拉第的模型是跟机械相关的——弹簧、电线和三维空间里扯紧的带子——而且他的"像"来自基础几何学。我认为，从他这个视角，我们已经理解了所有能理解的东西，而我们本世纪发现的东西很不一样，非常难以琢磨，（物理学）要更进一步发展，很多地方都需要用到数学。

Omni：这会把很多人挡在物理学大门外吧——只有少数人研究物理，很多人甚至不能理解目前的物理学研究，是这样吧？

费曼：也许有人会想出一套思考问题的方法，帮助我们更容易地理解那些问题。或许他们只是让学生学物理的时间不断提前。其实，那些所谓"深奥"的数学并不是真的那么难。拿计算机编程来说，它需要严密的逻辑——过去，父母们会说，这种逻辑思维只属于教授，但是现在，它已经成为日常生活的一部分，成了一种谋生手段。孩子们迷上了计算机并且人手一台计算机，他们正在用计算机做最疯狂、最美妙的事情！

Omni：……现在每个火柴盒上都有编程学校的广告呢！

费曼：对。我不认同那样的观点，说什么只有少数天才能够弄懂数学，其他人都是智力一般的人。数学知识是人类发现的，它不会比人脑能理解的东西更复杂。我有一本微积分书，上面说："一个傻子能做的事情，另一个傻子也能做到。"我们研究大自然取得的成果，在不搞这些研究的人看来，也许很抽象、很吓人，但是，这也算是一群"傻子"做的事情，过几十年，我们的下一代，所有这些"傻子"都能够把这些东西弄懂了。

在这些问题上，人们有一种浮夸的倾向，总爱把东西弄得深奥莫测。我儿子选修了一门哲学课，昨天晚上我们一起看斯宾诺莎的著作——里面那个推理再幼稚不过了！满眼都是属性、物质这些字眼，翻来倒去地说，无聊透了。我们看着看着就笑开了。呃呃，我们怎么能这样做呢？这个荷兰人可是一位伟大的哲学家，而我们竟然嘲笑他。但是，他做这种研究纯粹是空穴来风！与他同一时代的有牛顿，有研究血液循环的哈维，他们这些人用分析的方法推动了科学的进步！而你随便挑上斯宾诺莎的一个命题，再得出一个相反的命题，然后反观这个世界——你根本无法判断哪一个命题是正确的。确实，这些人令人敬畏，因为他们有勇气去研究这些艰深宏大的问题，但是，如果这些问题研究了也没有什么结果，你空有勇气也是白搭。

Omni：在您已经发表的演讲稿里，对于哲学家对科学的评论，您的态度很不以为然……

费曼：招惹我的不是哲学，而是他们夸夸其谈的态度。如果他们只嘲笑自己，如果他们能说："我觉得这事情是这样的，但是冯·莱比锡认为它是那个样子，他的想法有可能是对的。"如果他们能说："这是我们最合理的猜测……"这样的话，我对他们就不是这个态度了。但是，他们几乎没有人这么做。相反地，他们抓住一种可能性，也就是"世界上也许没有什么终极的基本粒子"，然后对科学家指手画脚："你们应该停止手头的工作，你们想问题要深刻一些。""你们的思考不够深入，我先给你们定义一下这个世界吧。"可是我压根儿不打算要什么定义，我直接就去探索这个世界了。

Omni：您是怎么确定该主攻哪一个研究课题的？

费曼：我读中学的时候，就有了这样一个思路：你要把一个问题的重要性乘以你解决这个问题的可能性。你也知道，一个技术控的孩子是个什么样子，他喜欢办事有效率……总之，如果你能够把这些因素有机结合起来考虑，你就不会在一个重大的课题上浪费时间、一无所获，或者把生命浪费在解决一大堆别人也能解决的小问题上。

Omni：我们来谈谈让您和施温格、朝永振一郎一起获得诺贝尔

奖的那个问题吧。三种不同的方法。在那个时候，解决那个问题是水到渠成的一件事吗？

费曼： 20 世纪 20 年代后期，就在量子力学出现后不久，狄拉克等人提出了量子电动力学。他们的理论基本是正确的，但是当你想进一步计算结果时，你就会碰到很复杂的方程，很难解决。你可以得到一个不错的一级近似值，但是当你想进一步修正它时，这些无限大的数值就开始冒出来了。这 20 年来，所有量子理论的书后面都会提到这个问题。

后来，通过兰姆[1]和雷瑟福[2]的实验，我们知道了氢原子的电子能级跃迁这么一回事。直到那个时候，粗糙的量子电动力学的理论还是管用的，但是现在你有了一个非常精确的数据：1060 兆赫兹什么的。于是大家都说，该死，一定要解决这个问题不可……他们早就知道那个理论有问题，现在又有了这么一个非常精确的数据。

于是，汉斯·贝特利用这个数据试着做了一些计算，也就是估算消除这个效应对那个效应的影响，以此避免那些无限大的数值。结果发现，那些可能发展为无限大的数值会停下来，而且它们可能在这一量级上停止，他得出的结果是大概在 1000 兆赫兹时停止。我记得，他邀请了一些人去他家中聚会，在康奈尔大学，但是中途他被一个电话叫走了，有人找他咨询一些事情。聚会继续进行，中间他打电话给我，说他在火车上已经把数值计算出来了。回来以后，他专门做了一个演讲，解释为什么这个消除步骤能够避免无限大数值，但是还是很牵强、很混乱。他说，希望有人能够彻底解决这个问题。我后来去找他，我说："噢，这个容易，我能做。"当时，我

---

(1) 威利斯·兰姆（Willis Lamb, 1913—2008），因发现氢光谱的精细结构，1955 年获得诺贝尔物理学奖。——编注

(2) 罗伯特·雷瑟福（Robert C.Retherford, 1912—1981），美国物理学家，1947 年他与兰姆在实验中发现了氢原子内的能量分离（兰姆移位），此项实验推动了量子电动力学的发展。——编注

还是麻省理工学院大四的学生，从那时起，我就开始琢磨这个问题了。当时，我甚至还整出了一个答案——当然，是错的。你看，这就是我、施温格和朝永振一郎在这个问题上的切入点——找出一种方法把这种过程转变成严谨的分析，而且自始至终严格保持相对论不变性。朝永振一郎已经提出如何解决这个问题的思路，与此同时，施温格也找到了自己的路子。

于是，我带上自己的想法去见贝特。有意思的是，我那时根本不知道怎么计算这个领域里最简单、最基础的问题——我早就应该学这些，但是我当时忙着搞自己的理论——所以我不知道怎样去验证我的想法是否行得通。我和贝特一起在黑板上演算，最后发现不行，甚至还不如以前的方法。回去后，我再三苦想，最后下决心一定要学会计算例题。我就去学了，然后再回去找贝特。我们试了一下，这次行了！直到现在，我们也没想明白第一次出错的原因……可能是一些很愚蠢的错误。

Omni：这耽搁了您多长时间？

费曼：时间不长，大概也就一个月。这对我也有好处，因为我重新检查了自己的思路，让自己坚信这个方法肯定行得通，而且我发明的那些图真的不错，一目了然。

Omni：那时，您想过这些吗——有一天它们会被称作"费曼图"，还被收进教科书？

费曼：不，没想到——不过，我确实记得有这么一件事。我穿着睡衣在地板上工作，身边铺满了纸，上面是那些滑稽的一团团的斑点串成的图，还有一些线条伸出来。我自言自语：假如这些图真的有用，其他人开始使用它们，《物理评论》不得不印刷这些可笑的图片，这不很滑稽吗？当然，我没有能力预测这些——首先，我完全不知道这些图有多少张会出现在《物理评论》上；其次，我从未想过，如果每个人都用它们，它们就不会显得滑稽了……

[这时，访谈地点改到费曼教授的办公室。在那里，磁带录音机突然不能工作了，检查了电线、电源开关、录音键，都没有问题。费曼教授建议把磁带先拿出来，然后再放进去试试。]

费曼：看，你一定要知道这些东西是怎么一回事。物理学家就很了解这世界上的东西。

Omni：把它拆开，然后再装起来？

费曼：是。总是会有一点灰尘，或者无限大数值什么的。

Omni：我们接着说。您在演讲中说，我们（原先）的物理学理论能很好地解释各种各样的现象，然后 X 射线、介子或其他东西出现了，于是"到处都是线头"。在今天的物理学中，您看到了哪些松脱的线头？

费曼：噢，比如粒子的质量：规范场论给出了粒子间相互作用的漂亮模型，但是没有解释粒子的质量，而我们需要理解这一堆没有规律的数字。对于强相互作用，我们有色夸克[1]和胶子理论，非常精确，也很全面，但是几乎没有什么过硬的预测。在技术层面，对这个理论进行检验非常困难，这是一个挑战。我强烈感觉那就是一个松脱的线头，虽然目前没有证据否定这个理论，可是，除非我们有过硬的数据来检验过硬的预测，否则我们不可能有很大的进步。

Omni：您对宇宙学有什么看法吗？狄拉克指出，基础常数会随时间改变，这是否意味着现在的物理学定律跟宇宙大爆炸时的有所不同？

费曼：说到这个，就要聊很多问题了。到目前为止，物理学一直想发现大自然的法则和常数，而不去问它们从哪里来，但是现在我们也许到了不得不反思历史的时刻了。

_____

（1）"色夸克"的"色"是科学家给夸克和胶子的某一种特性起的一个名字，不是因为它们真的有颜色，而是因为找不到更好的名字来命名基本粒子的一种新特性。——编注

Omni：您对此有什么建议吗？

费曼：没有。

Omni：一点儿也没有？也没有一点儿倾向？

费曼：真的没有。对每一件事，我几乎都是这个态度。之前，你没有问我是否认为存在一种基本粒子，或者它是不是根本就是一个谜。如果你问我这个问题，我会告诉你，我对此毫无看法。那么，为了能够努力研究某个东西，你不得不让自己相信有一个答案就在那儿，这样你就会努力钻研。是吧？所以你要让自己有个偏向或者做个假设，但是整个过程中，你内心深处其实在嘲笑自己。忘掉你听到的那些"科学无偏见"的话吧！今天的这个采访，谈到宇宙大爆炸，我是不带偏见的，但是在我工作的时候，我有许多偏向。

Omni：您有什么样的偏向……？对称性，简单性……？

费曼：这要看我当天的心情如何。有一天我会坚信某一种大家都相信的对称，第二天我又想去弄明白：如果不是这样，那又会是什么结果，是不是除我之外，其他人都错了。但是一个称职的科学家与众不同的地方，就在于他们不管做什么事，都不像其他人那样过分相信自己。他们有坚定的怀疑精神，而且安之若素，他们总是想着"可能是这样"，并且依此行事，他们时时刻刻都明白这仅仅是"可能"。许多人觉得这很难，他们认为这意味着超脱或冷漠。这不是冷漠！这是一种更加深刻、怀有更多热情的求知之路。这好比你正在一个自以为能够找到答案的地方挖呀挖，然后有人跑过来喊："你没看到他们在那边挖出的东西吗？"你抬头一看，叫道："啊呀！我挖错地方了！"这种事情总是在发生。

Omni：还有一种情况，好像在近代物理学历史上也经常发生：很多先前的"纯"数学，现在却发现它们能应用到物理学中，例如矩阵代数或群论。是现在的物理学家比他们的前辈更善于接受新鲜事物还是滞后的时间越来越短了？

费曼：从来就没有什么滞后时间。拿汉密尔顿 [1] 的四元数来说：物理学家抛弃了这个强有力的数学系统的大部分，只留下其中的一部分——从数学上讲几乎是微不足道——这一部分后来变成了向量分析。但是当量子力学需要四元数的全力支持时，泡利 [2] 立即就用一个新的形式改造了这个系统。你现在回过头，说泡利的旋转矩阵和算子没什么大不了，起作用的是汉密尔顿的四元数……但是即便物理学家已经把这个体系牢记了 90 年，其意义和记几个星期也没有太大的不同。

比如你得了病，韦格纳肉芽肿或其他什么病，你会自己去翻医学方面的书。然后你就会发现，你比你的医生还了解这病，虽然他在医学院学了那么长时间……你明白了吗？学习某个特定的、小范围的课题，要比学习整个学科领域容易得多。数学家们是在全方位探索。而对于一个物理学家来说，只学习他需要的东西就行了，这要比学习所有可能有用的知识要快一些。我前面提到的那个问题——夸克理论里的方程难题，它是物理学家面临的问题，我们想要去解决它。要解决这个问题，我们可能就要去钻研数学问题。这其中有一个令人吃惊的事情，我不理解的是，在群论用在物理学之前，数学家们就已经开始研究它了，但是考虑到物理学的发展速度，我认为他们的研究并不真的那么重要。

Omni：再问一个您演讲中提到的问题。您曾说："在下一个唤醒人类智慧的伟大时代，可能会出现一种方法来理解方程的实质内容。"请问这句话有什么含意吗？

---

(1) 威廉·汝恩·汉密尔顿爵士（Sir William Rowan Hamilton，1805—1865），爱尔兰数学家，他发明了四元数，这是张量和向量分析的一个替换结构。——编注
(2) 沃尔夫刚·泡利（Wolfgang Pauli，1900—1958），由于发现了不相容原理获得1945 年诺贝尔物理学奖。——编注

费曼：那一段话我说的是薛定谔⁽¹⁾方程。现在，你们可以从这个方程中得到分子中的原子键合和化学价，但是你看这方程的时候，你看不到化学家们熟知的丰富现象，也得不出这样的观点，即"夸克是永远连接在一起的，所以你不可能得到一个独立游离的夸克"——也许你能做到，也许不能，但问题的关键是，当你看着这个被认为能够描述夸克行为的方程时，你不明白夸克为什么应该是这样的。看着这个描述水中原子和分子力的薛定谔方程时，你看不到水的活动形式，你也看不到湍流现象。

Omni：这就让不少人被湍流现象困扰——气象学家、海洋学家、地质学家和飞机设计师，多多少少都在这个问题上陷于困境，是吧？

费曼：绝对是这样的。也许就是处在这种困境的一个人，他被这个问题折磨得不行，于是他就想办法去解决这个问题，这个时候，他就在做物理研究。湍流问题，不仅仅是"物理学理论只能解决简单问题"的一个例证——我们对它简直就是束手无策。我们根本就没有好的基础理论。

Omni：也许这跟教科书的论述有关，可是，不搞科研的人们几乎不知道，一碰到复杂的、真正的物理难题，现有的物理学理论立马就歇菜。

费曼：现在的教育很差劲。当你在物理界有些资历后，你才能明白：在物理研究领域，我们能做的只是其中很小的一部分。我们的理论真的很有局限性。

Omni：物理学家从一个方程看到它的实质内涵的能力相差很大吗？

费曼：噢，是的——没有人特别擅长这个。狄拉克说过，理解

---

(1) 埃尔温·薛定谔（Erwin Schrödinger, 1887—1961），由于他发现了新的、卓有成效的原子理论，获得 1933 年诺贝尔物理学奖（和狄拉克一起获奖）。——编注

一个物理问题意味着不靠解方程就能看到答案。也许他说得夸张了一些，也许解方程会帮助你更好地理解——但是在你能真正理解之前，你只是在解方程。

Omni：作为一个教师，为了鼓励学生培养这种能力，您会怎么做？

费曼：我不知道。我没有办法判断学生对我讲的课到底理解了多少。

Omni：研究科学史的历史学家会不会有一天去追踪您学生的科学生涯，就像有人研究了卢瑟福、尼尔斯·玻尔和费米的学生那样？

费曼：我觉得不会。我一直对我的学生很失望，我这个老师都不知道自己在干什么。

Omni：但是，我们可以说说另一种影响。呃，您可以回想一下汉斯·贝特或约翰·惠勒对您的影响……

费曼：那倒是。但是我不知道我受到了什么影响。也许这只是我的个性使然，我真的不知道。我不是心理学家，也不是社会学家，我不知道怎样去弄懂一个人，包括我自己。你也许要问：这个家伙怎么能教学生？如果他都不知道自己在干什么，他怎么可能有教学的热情？但事实是，我热爱教学。在我向学生讲解一些问题的时候，说不定就会想到用新的方式去看待这些事物——我很喜欢这样，这样能把它们解释得更清楚，但是也有可能，我没能把它们讲得更清楚。我可能只是在自娱自乐。

我已经学会了接受自己的无知。我不一定非要成功做些什么不可，正像我以前谈论科学的时候说的那样。我认为我的生活更充实了，那是因为我认识到了：我不知道自己在做什么。我很高兴看到这个大千世界。

Omni：刚才我们回到办公室的时候，采访中断了一会儿，您和别人讨论您将要做的一场关于色觉的演讲。那个演讲和基础物理实

在不搭界，不是吗？生理学家会不会说您"越界"了？

费曼：生理学？对色觉的研究只限于生理学吗？你看，只要给我一点儿时间，我就能做一场演讲，来探讨生理学的任何一个课题。研究这个问题，彻底弄懂它，我做得兴致勃勃，因为我向你保证，这么做很有意思。我什么都不懂，但我确信，只要你钻研得足够深入，每一件事情都很有意思。

我儿子也是这样，可是他的兴趣比我在他这个年纪要广泛得多。他感兴趣的事情有魔术、计算机编程、教派的早期历史、拓扑学等——噢，他麻烦了，这世上有那么多有趣的事情。我们喜欢坐下来随便聊聊，我们会谈到事情可能的结果与我们希望看到的差距有多大。举个例子，我们说到登陆火星的海盗号火星探测器，我们会畅想，火星上有多少种可能存在的生命形式是这个设备发现不了的。是的，他很像我，所以我至少把"每一件事情都很有意思"这个观点传给了一个人。

当然，我不知道这算不算是一件好事……你懂我的意思吧？

第十章

货拜族科学：探讨科学、伪科学以及学习如何不自欺

1974 年在加州理工学院毕业典礼上的演讲

问：巫医、超感知觉、南太平洋岛民、犀牛角和威臣牌食用油，这些和大学毕业典礼有什么关系？

答：这些都是幽默多智的费曼在演讲时举的例子，他劝诫毕业生：坚持科研诚信比世界上所有的奖赏和暂时的成功都更有意义。在这场演讲中，费曼顶着同行的压力，不顾科研资助机构的怒火，面对加州理工学院 1974 届毕业生畅谈科研诚信。

中世纪充斥着各种各样不靠谱的想法，比如一片犀牛角能够增强性能力（中世纪的另一个不靠谱的想法跟我们今天戴在头上的这些帽子有关——对我来说，这帽子太大了）。后来人们发现了一个鉴别这些说法的方法——他们的做法是，试验一下某种说法，看它是不是灵验，如果行不通，就不再去信它。自然，这种方法逐渐演变成了科学，而科学一直在进步，所以我们现在身处科学时代。在这样一个时代，我们很难理解一件事：既然巫医的建议根本不管用——或很少管用，它们在那个年代为什么还能存在呢？

但是，直到现在，我还是会碰到很多人，他们迟早会把话题带到飞碟、占星术或者某种神秘主义上，比如拓展意识、新形式的感知、超感知觉等。所以，我得出一个结论，现在并不是一个科学的时代。

大多数人会去相信许许多多神奇的事情，于是我决定去研究他们为什么会相信这些。我的好奇心驱使我去调查，结果却让我很为难：我发现了太多荒谬的事情，可是在今天的演讲里，我不能一一说给大家听。我都被它们弄得晕头转向了！首先我去调查形形色色的神秘主义和神秘体验。我进入密闭的箱子（里面漆黑一片，很安静，人漂浮在泻盐溶液里），在里面经历了长时间的幻觉，所以我对这个有所了解。然后我去了伊莎兰 [1]，那个地方盛行这些神秘主义的思想（那是个好地方，你们应该去玩一趟）。我被那些事情弄晕了，

---

(1) 位于加利福尼亚大苏尔的伊莎兰研究院 (Esalen Institute)。——译注

我不知道那种思想到底泛滥到了什么程度。

举个例子，我在一个澡堂里，里头还有另外一个家伙和一个女孩子。那人对女孩子说："我正在学习按摩，能不能拿你练练手？"女孩说可以，于是她起身躺到一个台面上。那个家伙从她的脚开始按摩——他按摩她的大脚趾，还揪着它转动起来。然后，他转身问一个人——很明显是他的老师："我摸到这个地方凹了进去，这是垂体吗？"女孩说："不，垂体摸起来的感觉不是这样的。"我插话了："伙计，你离垂体还远着呢。"他们一齐转头朝我看——你看，我装不下去了——她说："这是反射疗法。"于是我闭上了眼睛，装出沉思的样子。

这只是让我发晕的一个例子而已。我还考察了超感知觉（ESP）和超心理学（PSI）现象。当时最火的是有一个叫尤里·盖勒的人，据说他用手指摩挲一下钥匙，就能把钥匙弄弯。于是，应他的邀请，我去了他在宾馆的房间，想亲眼看看他演示读心术和弄弯钥匙。他没能成功地看出我的心思，我想，没有人能看穿我的想法。然后我儿子拿着一把钥匙，盖勒用手指摩挲着钥匙，但是钥匙没有任何反应。他又跟我们说："在水里做的效果会好一些。"你可以想象一下，我们都站在浴室里，水龙头打开了，钥匙浸在水里，他再用手指去摩挲钥匙。还是不行！所以我也就没有办法研究那些现象了。

我就开始思考，还有什么其他我们坚信的事情（它们同样经不起考验）？我想到了巫医，要检验他们的说法实在太容易了，只要注意到没有起任何作用就行了。我还找到了一些更多人深信的事，比如我们知道的一些教育方法。学界有很多人在研究阅读教学法和数学教学法，但是如果你留意一下，你会发现，即使我们一直请这些人来改进教学方法，学生的阅读成绩还是在持续下降——或几乎没有提高。这就像巫医开出的方子一样。这个问题应该探讨一下，他们怎么就知道自己这些教学方法一定有效？另一个例子是如何改造罪犯。很明显，我们没有取得什么成效——我们有许多理论，我们运用这些方法来改造罪犯，想借此减少犯罪，但是它们没有起作用。

然而，这些事情据说很科学。我们要研究它们。我觉得，那些有常识的普通人被这种伪科学吓唬住了。一个教师，他在如何教学生阅读方面有一些很好的想法，但是迫于学校的压力，他不得不采用其他一些方法——或者，由于受到教育体系的蒙蔽，他甚至开始怀疑自己的方法并不一定是个好方法。再者，一些坏孩子的父母，他们会因为曾经使用各种方法管教他们的孩子，余生都有负罪感，因为照专家们的说法，他们没有做"正确的事情"。

所以，我们确实应该仔细检验那些行不通的理论，那些不是科学的"科学"。

我想找到一个判断标准，用它来发现更多的这类东西，最后我得到了以下这条标准。鸡尾酒会上，女主人走过来说："你们这些人怎么说话三句不离本行？"或者你太太上来说："你怎么又招惹小姑娘了？"如果你对这样的话并不反感，那么你可以肯定，你是在谈论一件别人一无所知的事情。

用这个方法，我又发现了几个我差点忘了的话题——包括各种各样心理疗法的效力。于是我开始泡图书馆调查……我有太多的东西要讲给大家听，可是在这一次演讲里也讲不完。我就说几件小事。我要集中说说几件大家比较相信的事情。也许，明年我会就这些主题做一系列演讲。这还会花很长的时间。

我认为，刚才提到的教育和心理学研究的例子，我想把它们称作"货拜族科学 [1]"。在南太平洋群岛，有一群人被称为"货拜族"。

---

(1) 货物崇拜（Cargo Cult）是一种宗教形式，尤其出现于一些与世隔绝的落后土著之中。当货物崇拜者看见外来的先进科技物品，便会将之当作神祇般崇拜。"货拜族科学"（Cargo Cult Science）这个词是费曼在这篇演讲中自创的一个词，用以形容徒具科学外表却并不遵循科学方法的活动。——译注

"二战"期间，他们看到飞机降落在岛上，飞机带来了很多好东西，现在他们希望那样的好事还会发生。于是他们想办法铺设了一条像跑道一样的东西，并在两旁生了火，又做了一个小木屋，让一个人坐在里面，头上套了两块木头，像是头戴式耳机，上面还有些竹条，像天线一样支棱着——那人相当于飞机调度员。然后他们等待飞机降落。他们把每一件事都模仿得很好，看上去很像那么一回事，和他们以前看到的一模一样。但是，这没有用，没有飞机会降落。我把这些东西叫作货拜族科学，因为它们遵循科学研究的所有规则和形式，但是它们独独没有核心的东西，你也看到了，飞机并没有降落。

当然，我应该告诉你们：他们遗漏了什么。但是这很困难，就像给南太平洋岛民解释他们必须怎么做才能获得物资一样困难。这不是告诉他们怎样去改进耳机形状那么简单的事。但是我注意到一点货拜族科学普遍缺乏的东西。那是一种理念，是我们都希望你们在学校学习科学课程的过程中能学到的理念——我们从未明确说过它是什么，而只是希望你在科学研究实践中领悟它。我现在把它亮出来，公开谈论它，这很有意思。它可以说是科研诚信，是科学思考的一个原则，与绝对的诚实相对应——某种矫枉过正的态度。举个例子，假如你在做一个实验，你应该记录所有的东西，即使那些你认为可能导致实验失败的数据或现象——而不是仅仅汇报那些你认为有利的东西：能够解释你实验结果的其他原因，你考虑到并且通过借鉴别人的实验消除了的其他因素，以及这些因素是怎样干扰实验的——要确保其他研究人员清楚它们已经被排除掉了。

某些细节可能会否定你对实验结果的解释，如果你知道这些情况，就一定要写到报告里。如果你知道某种情况是完全错误的，或有可能是错的，你一定要尽你所能去解释它。举个例子，你提出了一个理论，你要宣传推广它，或者公开发表，你必须记下所有可能否定它的事实，就像你记下那些能证明这个理论的事实那样。这儿还有一个更微妙的问题，当你把很多想法放在一起合成一个精妙的理论，当你使用事实来证明这个理论时，你一定要明白，不能仅仅靠让你得出这个理论的那些事实，顺便说一句，那些失败的理论也会帮助人们得出正确的结论。

总而言之，科研诚信这一理念要求你公布所有的信息，这有利于其他人判断你的科研贡献的真正价值，而不只是提供那些将人引向某个特定方向的信息。

要解读这一理念，最容易的办法是做个比较。比如，和广告做个比较。昨晚我听到一句广告语，说威臣牌食用油不会渗到食物中去。好吧，那是真的，不能说这个广告欺骗消费者。但是，我现在谈论的不是"诚实"的问题，而是"科研诚信"这个问题，这是另一个层次的问题。那个广告应该加上一句事实描述，而事实是这样的：在某一个温度下，任何一种油都不会渗入食物，但是在另一个温度下，所有的油都会渗入食物中——威臣牌食用油也不例外。所以你看，这个广告只把部分事实告诉消费者，而不是全部事实。而这两者的区别需要我们出面澄清。

我们从实验中一定会得到真理。其他研究者会重复你的实验，他们会发现你到底是对还是错，自然界的现象也会证明或者否定你的理论。而且，即便你可能得到短暂的名望，兴奋激动一时，但是，如果你没有努力地以十分谨慎的态度去做这项工作，作为科学家，你就不可能得到良好的声誉。这种诚信、不自欺的谨慎，很大程度上正是大多数货拜族科学研究所欠缺的。

当然，他们的困难大部分在于研究课题本身很难，而且选用的科学研究方法并不适用于该课题。然而需要指出的是，这不是唯一的困难。那就是飞机没有来的原因——它们就是不来。

至于如何应对某些自我欺骗，从过往的经历中，我们已经学到了很多。举一个例子，密立根（Milliken）曾经用油滴实验测量电子电量，他得到了一个结果，而这个结果在我们现在看来，不是很准确。因为他使用了错误的空气黏度系数，所以他得到的结果有点问题。回顾一下在密立根之后研究者测量电子电量的历史，你会发现这很有意思。如果你以时间为横轴，把它们绘制成一个图，你会发现，下一个实验的结果比密立根得出的数值大一点，再下一个实验数值比这个实验数值又要大一点，下一个又大一点，直到最终得到一个比较高的数值。

为什么他们没有立即发现新得到的数值比密立根的数值高一些？这是让今天的科学家们感到羞愧的一段历史——很显然，当时的人们是这么做的：如果他们得到的数值远高于密立根的数值，他们就想肯定是哪里出错了，于是他们就会去寻找原因，并且找出一个理由，以此解释可能是某个地方出错了。可是，如果他们得到的数值与密立根的数值比较接近，他们就安心了。于是，他们会删掉那些跟密立根的数值相差较大的数值。他们做其他的实验也是如此。对于这种伎俩，我们今天已经心知肚明，我们自己也不会犯这种毛病了。

历经漫长的岁月我们才学会如何不自欺，学会拥有绝对的科研诚信，但是很遗憾，就我所知，现在还没有哪一门课程会专门开辟几节课传授这个经验。我们只能寄希望于你们自己在耳濡目染中领会它。

第一条原则就是你绝对不能欺骗自己。你自己是最容易欺骗的对象，所以你要非常当心。做到不自欺之后，不去欺骗其他科学家就容易了。从那以后，你就只需要做到传统意义上的诚实就可以了。

我还要补充一点，虽然对科学家来说，这一点说不上是至关紧要的，但是我个人觉得很重要——那就是，身为科学家，在和人交谈时，你不能愚弄外行人。我在这儿说的不是欺骗太太或是女朋友，或者这一类的事情，那种情况下，你们不是科学家的身份，而是一个普通人的身份——那些问题就留给你自己和你们的拉比[1]吧。我现在讨论的是一种特殊的、有很高要求的诚信，不仅仅是"不撒谎"，而是退一步坦白说：作为一名科学家，自己也有可能犯错。这是我们身为科学家的担当，也是对其他科学家的责任，而且，我想，这也是对外行人的责任。

我举个例子。有一次，一个研究宇宙学和天文学的朋友在上电台做节目前对我说，他不知道该怎样向听众介绍自己工作的实用价值。"噢，"我说，"这没什么用。"他说："是啊。但是这样说的话，我们就拿不到经费做更多的研究了。"这让我有点吃惊。我觉得这也是一种不诚实的表现。如果你以科学家自居，你就应该向外行人解释你做的事情是什么——这样的话，如果他们不想资助你，那也是他们自己的决定。

就这个原则而言，我再举一个例子：如果你下定决心要去验证一个理论，或者你想解释一个观点，你就应该让人们知道这个结论是怎么得出的。如果我们只公布某一种结果，可能会让论证过程看起来漂亮一些。可是，正反两种结果我们必须都公布。比如说——我们再举一个广告的例子，假设某种香烟有一些特性，比如尼古丁含量低。烟草公司对此大肆宣传，他们对大众的暗示就是"这种香烟对健康有益"——他们不会说"仅仅是焦油含量不同"，或者"香烟里使用了其他替代物"这样的话。换句话说，广告根据要传达给消费者的信息选择向大众公布什么内容。而我们不应该这么做。

我还要说，在向政府提供某些建议时，这种诚实的品质也很重要。假设有一名议员向你征求意见，问是否应该在他这个州钻井开采石油，而照你的判断，别的州更合适一些。如果你不直言相告，

---

(1) 拉比是犹太人中的一个特别阶层，是老师也是智者的象征，担任犹太人社团或犹太教教会精神领袖或在犹太经学院中传授犹太教教义，主要为有学问的学者。——译注

那么在我看来，你并没有给出科学的建议。你只不过是被别人利用了。如果你的看法正好是政府或政客们希望听到的，他们就会利用它证明自己的意见是正确的；而如果你的看法与他们相反，他们根本就不会把它公布于众。这样根本算不上什么科学的建议。

还有一些错误是伪科学更本质的特点。我在康奈尔大学的时候，经常和心理系的人聊天。有一个学生告诉我，她想做这么一个实验——我记不清细节了，大致是这样，有人发现，在某种特定环境 X 下，老鼠有 A 行为；而她想知道，如果她把实验环境换成 Y，老鼠是否仍有 A 行为？因此，她的实验目标是在 Y 环境下做实验，看看它们是否仍然有 A 行为。

我跟她解释，首先很有必要在她的实验室里重复别人已经做过的实验——在 X 条件下做实验，看看是否也会出现结果 A；然后再把条件改为 Y，看结果是否有变化。这样一来，她就能知道两个实验的区别是否真的就是她以为的那样。

听到这个建议，她很高兴，于是就兴冲冲地去找她的导师。然而导师的回答是："不行，你不要那样做，因为别人已经做过那个实验了，你再做一次就是浪费时间。"这事发生在 1935 年前后，当时好像已经有了这样的惯例，不要重复做心理学实验，只需要改变实验条件，再看看会发生什么情况。

现在，同类事情仍然有可能发生，甚至在大名鼎鼎的物理学领域也会出现这样的事情。当我知道有人在国家加速器实验室的大型加速器上做的一个实验后，我很震惊。那人做了一个重氢的实验，为了比较他的重氢实验结果与轻氢实验的结果，他引用了别人的轻氢实验数据，而那个轻氢实验是在为外一台设备上做的。当别人问他为什么这么做时，他的解释是：在这个项目里，他没有时间（因为时间很紧，使用的这台设备又很昂贵）做轻氢实验，而且再做一次实验也不可能有什么新成果。国家加速器实验室的主管很渴望出新成果，这样他们就可以争取更多的资金来开展公关活动。他们或许正在生生毁掉实验本身的价值，而实验才是设立实验室的真正目的。在那儿做实验的人通常很难按照科研诚信的要求去做他们的本职工作。

然而，也不是所有的心理学实验都是上述这种做法。比如，之前有很多实验让老鼠穿过各式各样的迷宫，可是很少有明确的实验结果。但是，在1937年，有个名叫"杨"的人做了一个很有趣的实验。他做了一个迷宫，是个长长的走廊，老鼠可以从走廊一侧的门进来，走廊另一侧的门后则藏着食物。他想看看他能不能训练老鼠进入特定的一扇门——从放它们出来的那个门算起的第三扇门，不管它们是从哪个门出来的。实验结果证明不行。老鼠径直走向上次实验找到的有食物的那个门。

问题是，老鼠怎么知道这就是以前的那扇门？整个迷宫走廊造得那么好，每扇门都几乎一模一样！显然，这扇门有与众不同的地方。于是他把所有的门都很仔细地油漆了一遍，这样一来，门表面的纹理就没有什么区别了。但是老鼠还是能够找到那扇门。于是，他想，也许是老鼠闻到了食物的气味。所以每次老鼠走迷宫后，他就用化学药品覆盖之前的气味。可是，老鼠还是能找到那扇门。于是，他又想，老鼠可能是通过实验室的灯光和摆设来辨别位置的，就像所有有知觉的人一样。所以他就把整个迷宫走廊用东西蒙上，结果还是一样。

最后他总算发现了，老鼠是根据它们奔跑时地板发出的声响来做出判断的。所以，只要在那个迷宫走廊上铺上沙子，一切就搞定了。就这样，他把所有可能的线索一一排除掉，最后终于能够瞒过老鼠，让它们不得不学会走进第三扇门。如果他对实验条件的控制稍微疏忽一点点，老鼠仍然能找到那扇门。从科学的眼光来看，这是一个一级甲等的实验。正是这个实验使得老鼠走迷宫的实验有了意义，因为它揭示了老鼠实际运用的线索，而不是那些你认为它们会使用的线索。也正是这个实验，能够教会你在一个老鼠跑迷宫的实验中必须怎样设置实验控制条件，才能实现小心谨慎，控制好每一个细节。

我调查了这类实验后来发展的情况。杨先生之后的一个实验，再下一个实验，从来没有参考过杨先生的实验。他们从不借鉴杨先生把实验用的迷宫走廊铺上沙子的做法，做实验也不仔细。他们只是用老一套方法让老鼠走迷宫，根本不关注杨先生的重大发现，也没有人去参考他的论文，因为他没有任何新发现。事实上，他发现了老鼠研究实验中你必须要做的所有事情。但是，对这样有价值的实验视而不见，正是货拜族科学的一个特点。

还有一个例子，是莱因先生和其他人做的超感知觉实验。各色人等都批评过他们的实验——他们对自己的实验也做过自我批评——他们改进了技术，于是干扰因素越来越少，直到最后完全消失。所有研究超自然现象的心理学家都在寻找可以重复的实验——你可以重复做实验，然后得到相同的结果——甚至是统计学意义上可重复的实验。他们让 100 万只老鼠跑迷宫——不，这次是人了！他们做了大量实验，而且也得到了统计结果。可是，等到下一次他们再做那个实验，却再也得不到原先那个结果了。这时候，有人说了："大家期待实验可以重复，其实这个根本是无所谓的。"这算是科学吗？

这个人从"超心理学研究所"主任位置上退下来时还谈到了要建立新的机构。在谈到下一步该怎么做时，他说他们必须做的一件事就是：务必只挑选某一类学生来培养，即那些学生能够通过超心理学实验得到让人认可的结果。不要把时间浪费在空有抱负和兴趣，却只能偶尔得到这些实验结果的学生身上。实施这样的教学策略，无疑是很危险的——只教学生如何去获得某种实验结果，而不是教他们如何坚持科研诚信去做实验。

所以我希望你们——时间不多了，我只送上一个祝愿——希望你们好运，去一个能坚持这种诚信品质的地方工作，在这个地方，你们不必为了保住你们的位子，也不必为了拿到研究经费而被迫放弃自己的科研诚信。但愿你们有这样的运气。请允许我最后给你们一点忠告：千万不要答应去做演讲，除非你很了解要讲的内容，或者你或多或少知道你要说些什么。

第十一章
就像1，2，3那样简单

这是一个非常逗乐的故事，一个早慧的学生用他自己、自己的袜子、打字机和他的同学做实验，试图解开计数和计时的奥秘。

我小时候住在法洛克威，当时我有个朋友叫伯尼·沃克。我们俩在家里都有自己的"实验室"，常常做各种各样的"实验"。有一次，我俩在讨论什么问题——那时我们十一二岁吧——我说："思考这回事，不过就是在内心和自己对话罢了。"

"哦，是吗？"伯尼说，"你知道汽车里那根奇形怪状的曲轴吧？"

"知道啊，那又怎么样呢？"

"好，那你告诉我，你是怎么对自己描述它的形状的？"

所以我从伯尼那儿学到了一点：除了语言这个思维工具外，还有形象思维一说。

上大学的时候，我开始对梦产生了兴趣。眼睛闭上了，可是一切都这么真切，就像是光线真的透过眼皮，落在视网膜上。难道说，视网膜上的视觉细胞真的能被另一种形式激活（也许是自己的大脑），或者大脑里有个"判断中心"，它在人做梦时失控了？尽管我对大脑如何运转非常感兴趣，可是我从未从心理学那儿得到任何满意的答案。心理学界忙着研究梦的解析。

我在普林斯顿读研究生的时候，一篇有点儿蠢的心理学论文引发了广泛的讨论。作者推断大脑中的"时间感"来自一个和铁有关的化学反应。我对自己说："真是见鬼了，他是怎么得到这个结论的？"

原来，他妻子的体温长期不正常，时高时低，很频繁。不知怎的，他想起要测测她的时间感。他要他的妻子不看钟表，自己在脑子里计数，然后记下她数 60 下所花的时间。他让她一整天从早到晚地数（可怜的女人！），最后发现她发烧的时候数得快，不发烧的时候数得慢。于是他推测，脑子里控制时间感觉的那部分一定是在发烧时运作速度更快。

作为一个很懂"科学"的人，那家伙知道化学反应的速度是随环境温度和化学反应的能量而变化的。他测量了他太太计数时的速度变化和相应的体温，判断温度是如何影响数秒速度的，然后从化学书里找到一个化学反应，它发生反应的速度随着温度变化的情况与他妻子的情况很接近。他发现铁的反应是最接近的。于是，他就推断他妻子的时间感觉是由她体内一个含铁的化学反应决定的。

在我看来，纯粹是在扯淡！在他那一串长长的推论中，任何一步都可能出很多错。不过，他提出的问题非常有趣：到底是什么决定了时间感觉？当你试图以某一种速度匀速计数，是什么决定这个速度的？你怎样做才能改变这个速度呢？

我决定研究一下这个问题。我先不看钟表，用一个平均的速度去默默数数：1，2，3，直到 60。数完后一看钟，只花了 48 秒。不过这并不是问题，只要能以一定的速度匀速计数，不是非要像钟表那样在一分钟内数完 60 个数不可。我又重复了一次，这回花了 49 秒，接下来是 48 秒、47 秒、48 秒、49 秒、48 秒、49 秒……所以，看来我可以用相当稳定的速度来用脑子计数。

如果我坐在那儿不计数，只是估计一分钟的长短，结果就相差很大——时间长短参差不齐。因此，我发现，凭空估计一分钟时间是很不准确的，在计数的时候，我的时间感觉相当准确。

好了，现在我知道自己可以用一个稳定的速度计数，下一个问题是：哪些因素会影响计数的速度呢？

我猜想心率可能是一个因素。于是我便上上下下跑楼梯，弄得心跳极快。然后我冲回房间，把自己扔到床上，默数到 60。

我还实验了在跑楼梯的同时默数了 60 下。

同学们看到我上蹿下跳，都乐了："嘿，你干吗呢？"

我不能开口回答他们（这让我明白自己不能一边说话一边计数），我只是继续埋头起劲地跑，活像个疯子。

（研究生院的那帮家伙已经对我的疯疯癫癫习以为常了。有一次，一位老兄来我的宿舍，我正在做一个实验，忘了锁门。他看见我站在椅子上，穿着厚厚的羊皮大衣，探身到窗外，外头是一片冰天雪地；我一手拿着一只碗，另一手不停地在碗里搅拌。我见他进来，大声嚷嚷："不要来烦我！不要来烦我！"那次我在做一个果冻的实验：我想知道如果不断搅拌果冻，在低温下是否还会凝结成胶冻。）

话说回来，我试着先在楼梯上跑上跑下的时候默数，之后再躺在床上计数，或是把顺序变一下——先在床上默数，再去跑楼梯，同时数数。我尝试了各种组合形式，就是想看看身体运动和休息时不同的心率对计数是否会有影响。想不到结果是这样：心率对计数没有影响。此外，我觉得体温对计数也没有什么影响，因为运动使我浑身冒热气（虽然我知道锻炼并不会让身体温度升高）。事实上，我没找到任何影响我计数速度的因素。

跑楼梯没多久就变得枯燥无味了，我就在做其他事的同时计数——反正那些事我都得去做。比如，把洗好的衣服（从洗衣桶里）往外拿的时候，我会填一张表格，写上我洗了几件衬衣、几条裤子，等等，同时我还要在脑子里计数。我发现自己在计数的同时，可以在裤子一栏写个"4"，在"衬衫"一栏写上"3"，可写到袜子就糟了，我就继续不下去了——要洗的袜子实在太多了。我已经动用自己脑子里的"计算机"数到36，37，38了，可是眼前还有一大堆，39，40，41……这可怎么办？

后来，我发现可以把它们放在不同的几何图形中，比如放在一个四方形中：左上角一双，右上角一双，这边一双，那边一双——

行了，一共 8 只袜子。

我继续玩这个用图形计数的游戏。同样，我发现我在计数的时候，还可以同时"数"出报纸上文章有几行字。方法是这样的：把 3 行字分成一组，就这样 3 行一组、3 行一组地从第一组一直数到第十组；接着再数 3 行，再数 3 行，再来 3 行……最后再加上 1 行，这样就有 100 行了。就这样，我拿报纸上的行数做了另一个参照物来计数。当我默数到 60 下时，我知道自己已经看到报纸的哪一行了，我说："数到 60 下了，对应报纸已经走到第 113 行了。"更奇妙的是，在数这 60 下时，我发现自己竟然还有余力看报纸，而计数的速度并没有受到任何影响！事实上，我可以一边计数一边做任何事——当然，除了大声说话外。

那么，打字呢？那可是把一本书上的文字用打字机打出来！我发现自己还是可以做到的，我可以边计数边打字。可是这回，我发现计数的速度受到影响了。我大为振奋，我终于找到了一个可以影响我计数速度的事情了！于是，我埋头研究下去了。

我一边打字一边默默计数，一边数着："19，20，21……"正好碰到简单的单词，我打得飞快，还一路数下去……"27，28，29"……直到碰上一个词，"见鬼，这词什么意思？"然后明白过来，"噢，是它呀！"接着数，"30，31，32"……等数到 60 的时候，我比以往多花了一些时间。

经过一些反思和进一步的观察，我终于找出答案了：当我遇到有难度的单词时，处理它需要更多的"脑力"，于是我就会中断计数，也就是说，我的注意力被分散了。其实我用脑子计数的速度并没有变慢，而是计数这件事情不时地被迫中断。从 1 数到 60，这已经是一个很机械的过程了，以至于我自己一开始并没有注意到计数过程被打断。

第二天早上吃早餐的时候，我向同桌的伙伴们说了这一系列的实验。我告诉他们，我可以一边计数一边做任何事情——只有说话除外。

一个叫约翰·吐其的家伙说："我不相信你可以一边阅读一边计数，我也不相信你怎么就不能一边计数一边说话。我敢打赌，你不能边计数边阅读，而我能一边计数一边说话！"

于是，我给他们演示了一遍。他们拿来一本书，我一边看一边默默计数。数到 60 下，我叫停了——果然用时 48 秒，我的表现很稳定，然后我告诉他们刚才我从书里读到了什么。

吐其惊讶不已。我们拿他做了几次实验，测到了他用脑子数到 60 的平均用时。接着，他开始说话："玛丽有只小羊羔，我想讲啥就讲啥，一点儿问题也没有，不知为什么，你们就不行……"他哇啦哇啦说个不停。最后，他叫道："到点了！"我们一看，他计数的用时和刚才我们测他的时间分毫不差！我简直不能相信！

我们讨论了一会儿，然后就有了发现。原来吐其计数的方式和我不同，他在计数的时候，想象有一条长长的写着数字的纸条在他面前移动，这样他可以在嘴上念："玛丽有只小羊羔。"这下可弄清楚了：因为他计数的时候"看着"想象中的那张移动的纸条，所以他可以说话但不能阅读；我正好相反，我在计数的时候是在心底里计数——用和自己对话的形式，所以我不能同时开口说话。

有了这个发现之后，我又尝试在计数时大声朗读书本——有时候我们两人都做不到。我就这么琢磨：（因为高声朗读需要占用脑子的一部分注意力，）如果我能动用脑子里一个区域，它既不会影响脑子里主管视觉的区域，也不会影响主管语言的区域，说不定就能同时完成朗读和计数这两件事情。所以我想到了用手指，因为这只和触觉有关。

很快我就成功了，我能用手指来计数，同时还能大声地朗读。不过我想让整个过程都用意识操控，不依赖任何肢体动作，所以我试着一边朗读，一边想象着用手指数数。

我一直无法成功。也许是我练习不够，没有熟练到那种地步；也许这根本就不可能做到，因为我从来没有见过哪个人能成功做到这一点。

通过那个实验，吐其和我发现，人们认为他们在做同一件事情——比如说，在脑子里计数这么简单的事情——可是做事的同时，他们脑子运转的情况很不一样。而且我们发现：可以用非介入（脑子内部）的、客观的方法检测脑子是如何工作的。举个例子，我们问一个人是如何计数的，就没有必要依赖他对自己的观察和分析，你可以观察在他计数时能做什么和不能做什么。这样的测试是绝对客观的，它无懈可击，人们没法作假。

人们用已知的知识来解释新的想法，这是一件很自然的事情。概念是一层层堆积起来的：这个想法是由那个概念解释的，而那个概念又是由另外一个概念来解释的；而这最基础的概念可能就来自计数这样的事情，而这个概念完全是因人而异。

我常常会想起这个，尤其是我在教很艰深难懂的内容时——比如贝塞尔函数的积分公式，当我看到这个公式的时候，我看到的字母是五颜六色的——我也不知为什么。就在我现在说话的时候，我会隐隐约约（在脑海中）看到杰克和艾曼德的教科书里的贝塞尔函数公式，里头的 j 是浅棕色的，n 是浅浅的蓝紫色，深褐色的 x 到处飞舞。我不知道，对于我的学生来说，那个公式究竟会是什么模样。

第十二章

理查德·费曼构建一个宇宙

　　费曼曾经接受过一次由美国科学促进会资助的采访。在这个之前没有被公开的访谈中，费曼回顾了他的科学生涯：他平生第一次面对满屋子的诺贝尔奖得主，战战兢兢地发表演讲；受邀参与世界上第一颗原子弹的研制以及他当时的反应；"货拜族"科学；那通黎明前吵醒他的重要电话——一名记者告诉他："你刚刚赢得了诺贝尔奖！"费曼的反应是："你应该等到天亮了再告诉我。"

旁白：麦尔·费曼是纽约一家制服公司的推销员，1918年5月11日，他迎来了儿子理查德的诞生。47年后，理查德·费曼获得了诺贝尔物理学奖。正如理查德·费曼所说，这个成功与麦尔·费曼有莫大的关系。

费曼：在我出生之前，他（我父亲）对我母亲说："这个男孩将来会成为一名科学家。"现在你在女权主义者面前当然不能说这样的话，但那个时候，人们确实就是这样说话的。不过，他从来没有跟我说"你要当一个科学家"这类的话……我学会了去欣赏原本习以为常的东西。我从来没有什么压力……我稍大之后，他带我去树林里散步，指点我看动物和鸟，等等；他还告诉我星星、原子以及其他事情。他会告诉我那些事物有趣的地方。他自有一套看待这个世界的方法，而他观察世界的方法——我觉得，对于一个没有受过正规科学训练的人来说，是非常科学的。

旁白：理查德·费曼是位于帕萨迪纳的加州理工大学的物理教授，他从1950年起就在那里工作了。他的时间，一部分用于教学，另一部分投入到对构成我们这个宇宙的微小的物质的理论研究中。在他的整个研究生涯中，他富有诗意的想象有时会把他带到许多神奇的领域：制造原子弹所需的数学，结构简单的病毒的遗传学，极端低温状态下氢的性质。使他获得诺贝尔奖的研究——量子电动力学理论，帮助物理学家更直接、更有效地解决了许多物理问题。然而，这一长串成就最初源于费曼和他的父亲在树林里的散步。

费曼：他有观察事物的一套方法。他经常说："假设我们是火星人，我们来到地球，然后我们会看到这些奇怪的生物在做一些事情，我们会想些什么？"他会说："比如，举个例子来说，假设我们从不睡觉，因为我们是火星人，但是我们的意识一直很清醒。我们发现，地球上这些生物每天有 8 个小时会放下工作，还要闭上眼睛，这期间他们或多或少变得迟钝了。我们有个有趣的问题要问他们，我们会问：这整个过程中你们感觉如何？你们的思想发生了什么变化？你们状况良好，能清晰地思考问题——那么这过程中发生什么事了吗？你们的思想是突然停下来的呢，还是变得越来越慢、最后停了下来呢？或者准确地说，你们是怎么停止思考的？"后来我对这个问题思考了许多，在大学里还做了实验，我想找出这个问题的答案——在睡觉时，你的思维究竟发生了什么变化？

旁白：一开始，费曼博士是想做一个电机工程师的，他学物理，打算用它为自己和身边的这个世界服务。但是没过多久，他就意识到，其实自己更感兴趣的是现象背后的原理：那些使世间万物运转的原理，以及隐藏在宇宙运行现象背后的物理理论和数学原则。于是，他的头脑就变成了他的实验室。

费曼：小时候，我的所谓的实验室只是一个供我瞎鼓捣的地方，我做收音机、小配件、光敏电池诸如此类的小玩意儿。后来，我在大学里看到一个他们口中的实验室，我很震惊。在那里，人们要郑重其事地测量一些东西。而我在自己的实验室里，从来没有测量过什么东西，就是到处鼓捣。这就是我小时候拥有的实验室，那时候我想，这就是我以后要走的路了。在那个实验室里，我要解决这样一些具体的问题。比如说，我那时经常要修收音机，我要把电阻和一些伏特表连在一起，用这种方法来改变电流，诸如此类的事情。于是我开始去找这些公式——电学公式。我的一个朋友有一本书，上面有电学公式，显示变阻器关系的公式。书上有这些公式，比如电的功率是电流的平方乘以电压、电压除以电流就是电阻，等等，共有六七个公式。在我看来，这些公式相互有联系，它们确实不是完全独立的，这个公式可以从那个公式推导出来。于是我就换各种花样反复验证，利用从学校学到的代数知识，我明白了怎样去推导这些公式。在这过程中，我认识到了数学的重要性。

所以，我对物理相关的数学知识越来越感兴趣。不过，数学本身对我也有很大的吸引力。我这一辈子都热爱数学 [……]

旁白：从麻省理工学院毕业之后，理查德·费曼去了普林斯顿大学——在麻省理工学院西南方大约 400 英里（约 644 千米）的地方，他在那里拿到了他的博士学位。也正是在那里，他做了平生第一次正式的学术报告，时年 24 岁。事实证明，对费曼来说，那是一次十分重要的人生经历。

费曼：在普林斯顿的时候，我给惠勒[1]教授当助手，我们一起研究出一个新理论，是关于光如何起作用，以及不同位置的原子如何相互作用。在那个时候，这是一个相当有意思的理论。因此，主持研讨会的维格纳[2]教授建议我们做一个这方面的报告。惠勒教授说我是个年轻人，之前也没有做过学术报告，这将是一个学习的好机会。所以就这样，我迎来了平生第一个学术报告。

我开始为之做准备。维格纳教授过来跟我说，他认为我们这个研究相当重要，所以他特地邀请了一些重量级的人物来参加这次报告会，这其中有泡利教授，他是从苏黎世来的访问学者、著名物理学教授；冯·诺依曼教授，世界上最著名的数学家；亨利·诺里斯·罗素，著名天文学家；还有阿尔伯特·爱因斯坦，他当时住在附近。我当时一定是吓得脸色煞白，因为他对我这样说："不要紧张，

（1）约翰·阿奇博尔德·惠勒（John Archibald Wheeler，1911—2008），物理学家，因为发明了"黑洞"这个词，从而为大众所知。——编注

（2）尤金·维格纳（Eugene P. Wigner，1902—1995），1963 年被授予诺贝尔物理学奖，以表彰他在对称性原理上的研究成果对原子核和基本粒子理论的贡献。——编注

别担心。首先，如果罗素教授打瞌睡了，你不要感到沮丧，因为他总是在研讨会上打瞌睡。如果你讲的过程中，泡利教授频频点头，你也不要得意，因为他总是在点头，他中风了。"他说了很多这样的话。这让我稍微镇定了一些，但我还是很担心。最后，惠勒教授向我保证，由他回答所有的听众提问，我只需要做好学术报告。

我清楚记得当时走进会场的感觉——你可以想象那种"人生第一次"——就像在钻火圈。我早已提前把所有的方程式都写在黑板上了，那满满一黑板的方程式！其实，人们不需要这么多的方程式……他们只想更好地理解你的想法。我记得自己走上讲台，而那些伟大的人物就坐在听众席里，真是要命！我好像还能看见当时自己的那双手，当我从文件袋里往外抽出讲稿，手那个颤抖啊！但是我一拿出讲稿，开口做报告时，情况就完全不同了——从那时起，只要是在大庭广众下做学术报告，我都很镇定自若。这种感觉真是很美妙。我只要一谈物理——我热爱它——我想也只有谈起物理时，我就不再担心我是在什么场合了，我就什么也不担心了。一切进行得很顺利。我只是尽我所能，认真介绍我们做的研究工作。我不考虑有谁在场，我只考虑我要解释的问题。然后，到了提问环节，我也没什么可担心的，因为有惠勒教授出面应对。泡利教授站了起来——他坐在爱因斯坦旁边。他说："我认为这个理论不对，因为这个和这个原因，那个和那个原因，还有其他原因……难道你不同意我的看法吗，爱因斯坦教授？"爱因斯坦回答说："不——"这是我所听过的最美妙的"不"。

旁白：在普林斯顿，理查德·费曼明白了一件事：即使他完全生活在自己的世界里——那里全是数学和理论物理，在这之外，仍然有个世界，那个世界坚持要求他做很实际的工作。那时正值第二次世界大战，美国刚刚开始原子弹的研制工作。

费曼：就在那个时候，鲍勃·威尔逊来到我的房间，告诉我他要开始的一个项目，研究如何提炼原子弹所需的铀。他说下午 3:00 有个秘密会议，但是他知道，一旦我知道这个秘密的研究，就一定会参加，所以告诉我也不会有什么危险。我说："你错了。你不该告诉我这个秘密，我不会参加的。我要回去做我自己的事情——我还有毕业论文要写。"他走出房间，甩下一句话："我们下午3:00开会。"这会儿是早上，我来回在房间里踱步，思考一个问题：如果这炸弹捏在德国人手里会带来怎样严重的后果？我思来想去，最后认定这个研究很重要，也很带劲儿。所以我就参加了3:00的会议，同时暂停了学位论文的写作。

问题是，为了制造原子弹，你必须分离铀同位素。铀有两种同位素，其中铀235比较活跃，你得把它们分离开来。威尔逊已经发明了一种分离方案：首先把一些铀原子变成带电的离子，让它们成为离子束——在同样的能量下，这两种同位素的速度有轻微的不同。因此，如果你让它们通过一条长长的试管，其中一种同位素就会跑在另一种同位素前头，这样你就可以把它们分离开来了。这是他的计划。我那时做的是理论研究。我最初分配到的任务就是论证威尔逊设计的方案是否完全可行，究竟能不能做到。还有关于空间电荷制约的许多问题等等。经过推算，我得出结论：那是可以做到的。

旁白：尽管费曼推断威尔逊分离铀同位素的方法在理论上确实是可行的，但是最终军方还是采用了另一种生产铀235的方法。即便如此，在新墨西哥州洛斯阿拉莫斯的主要实验室里，仍然有许多工作等待费曼和他的高水准的理论推算能力去完成。战后，他加入了康奈尔大学的核研究实验室。如今他对他参与的原子弹研制工作怀有一种复杂的感情：他到底是做了正确的事情，还是做错了？

费曼：不，我不认为我那时的决定是个错误。我考虑了原子弹的问题，我确实认为：如果纳粹先造出原子弹，那将会非常危险。不过，我认为，我还是犯了一个错误。那就是在德国被打败后，特别是在德国战败三四年之后，那时离我们取得胜利已经很长时间了，我们仍然在十分努力地工作。我没有停下来，我甚至没有考虑过做这项研究的最初动机已经不复存在了。我得到的一个教训，那就是：如果你有理由去做一件事，而且理由很充分，那么你就开始去做，但是你一定要时不时关注一下现在的情形，看看最初的动机是否还是正当的。在我做出那个决定的时候，我认为它是正确的，但是继续做下去而没有思考，那可能就错了。我不知道，如果我那时真的去考虑这个问题，可能又会发生什么事呢？也许我还是会打定主意，无论如何都要继续做下去，我不知道。但是，促使我做出最初决定的外部环境已经改变了，而我没有去考虑这一点，这确实是一个错误。

旁白：在康奈尔度过了激动人心的五年之后，像他之前和之后的许多美国东部人一样，费曼博士被加利福尼亚和加州理工学院吸引住了，那里的学术氛围同样很振奋人心。当然，还有其他原因。

费曼：首先，伊萨卡的气候不好。其次，我还蛮喜欢去夜总会之类的地方。

鲍勃·巴赫邀请我到这里来，还请我开了一系列讲座，内容就是我在康奈尔研究的那些工作。于是我就做了一些演讲，然后他对我说："要不，我的汽车借给你开吧？"我很高兴，开着他的车，每天晚上我都去好莱坞和日落大道，在那里玩得很开心。舒适的气候和辽阔的地域，都是纽约州北部的小镇不可企及的。这两个因素最终把我带到了这里。做出这种选择，其实不难，而且我的选择也没有错。这是我又一个没有做错的决定。

旁白：在加州理工学院，费曼博士担任理论物理的理查德·查斯·托尔曼教授[1]一职。1954年，他获得了阿尔伯特·爱因斯坦奖。

---

(1) 以理查德·查斯·托尔曼（Richard Chace Tolman）名字命名的教授职位。——译注

1962年，原子能协会授予他 E.O. 劳伦斯奖，奖励"他在原子能的发展、使用和控制上的卓著贡献"。最后，在 1965 年，他获得了科学界最重量级的奖项——诺贝尔奖。他和日本的朝永振一郎、哈佛的朱利安·施温格一起获得这个奖。对费曼博士来说，这个诺贝尔奖让他半夜里受了惊扰。

费曼：电话响了，那家伙说（他是）某家广播公司的。我被吵醒，很恼火，这是很自然的反应。要知道，你半夜被人吵醒了，当然很恼火。那家伙说："我们很高兴地告诉您，您赢得了诺贝尔奖。"我自己心里还在腹诽——你懂的，我还在生气——当时听了也没有上心。于是我说："你应该等到天亮了再告诉我。"于是他说："我还以为您想知道这事。"然后，我说我在睡觉，就把电话挂了。我太太说："什么事？"我说："我得了诺贝尔奖。"她说："你再编下去，别逗我了。"我常常想要愚弄她，但是从来没有得逞。每次我想戏弄她，她总能看穿，但这次她错了。她以为我在开玩笑。她以为是某个学生，某个喝多了的学生，或者另外什么人。所以她不相信我。但是 10 分钟之后，另一家报纸的报喜电话来了，我对那个家伙说："好的，我已经听说了。现在，请让我清净一下吧。"说完，我就把电话摘了，我想我该回去睡觉，到 8 点钟再把电话接上。可是我再也睡不着了，我太太也睡不着。我起来了，在房间里走来走去，最后我又把听筒放回去，开始接电话。

这之后不久，我在一个地方坐出租车，出租车司机和我聊起我获奖这件事，我就把自己遇到的麻烦说给他听：那帮家伙一直追问我，我又不知道该怎么应对，等等。他说："我看过你的一个访谈。我是在电视上看的。那家伙问你：'请您用两分钟解释一下，您做了什么拿到这个奖的？'你真的说给他们听了，这真是疯了。你知道我会怎么说？'嗨，老兄，如果我能在两分钟内解释给你听，我就没资格获这个诺贝尔奖了。'"从那以后，我就用这个来回答别人。

如果有人问我，我就说："你瞧！要是我那么容易就把这问题解释清楚喽，那它就不配拿诺贝尔奖了。"这么说其实不怎么合适，可出租车司机教我的这个回答很妙。

旁白：前面已经提到，费曼博士获得诺贝尔奖，是因为他对一个新的研究领域——量子电动力学的理论发展所做出的贡献。正如费曼对它的评价，这是"一个能解释所有其他事物的理论"。它不适用于核能或重力，但是它确实适用于电子和光子间的相互作用。它能解释电的流动方式、磁现象、X射线的产生方法及其与其他物质形式的相互作用。量子电动力学中的"量子"印证了20世纪中期的一个理论，这个理论称，环绕在每个原子核周围的电子受一定的量子状态或能级的限制。它们只能存在于某些能级上，而不可能处于两个能级之间。另外，这些量子化的能级取决于照射在原子上的光的强度和其他一些因素。

费曼：理论物理最大、最重要的一个工具是废纸篓。你得知道什么时候该放手，对吗？实际上，我所知道的关于电学、磁学、量子力学和其他一些东西的知识都是在我试着构建这个理论的过程中学到的。让我获得诺贝尔奖的东西，归根到底要说到1947年，那时我想改变和修正一个普通的理论，而在这过程中遇到了一些问题，我正在设法解决它。贝特劝诫我："如果你做的确实是正确的事情，如果你能撤掉一些事，却抓住另外一些事；如果你的做法正确，那么，你就能得到可以和实验结果相媲美的结果。"他还给了我一些建议。那时我对电动力学有相当充足的了解，在此之前，我已经尝试过用大约655种不同的形式来表述这个疯狂的理论。可以说，我知道怎么做使得到想要的东西，知道如何用非常便利的方法来很顺利地控制并开展这项计算工作，我有很有效的手段去完成这件事情。换句话说，我有一套自己琢磨出来的方法，借助这套方法，我在旧理论的基础上逐渐构建起我自己的理论——听起来像是很自然而然的事情，而我自己好些年没有想到用这个方法——那时我就发现这个理论非常管用，我用这个（改头换面的）旧理论来处理问题，比起之前任何人都要快得多。

旁白：除了其他诸多用途，费曼博士的量子电动力学理论为我们提供了一个新的视角，它帮助我们理解把物质聚集在一起的那种力。它还让我们对转瞬即逝的、无穷小的粒子的性质有了更多一点的了解——宇宙中所有其他物质都是由这些转瞬即逝的、无穷小的粒子构成的。随着物理学家对物质本质结构的研究越来越深入，他们发现，那些看起来很简单的，实际上可能非常复杂；而那些看起来很复杂的，实际上可能非常简单。他们的工具是高能原子粉碎机，它能够把原子级的粒子轰击成越来越小的碎片。

费曼：我们观察世界，一开始的时候，我们看到很多不同的现象——风、波浪、月亮，还有其他很多东西。我们想重新解读它们。风的运动是不是很像波浪的运动？等等。渐渐地，我们发现许许多多的事物都是相似的，世界上各种现象的种类并不像我们想象的那么多。我们不仅看到了所有的现象，我们还知道了它们背后隐藏的原理，其中最有用的一个原理看来是这个：世间万物都是由一些物质构成的。比如，我们发现所有物质都由原子构成，只要了解原子的性质，我们就可以理解很多东西了。最初，人们认为原子应该很简单，但是，后来人们发现，为了解释所有的事物及现象，原子的结构应该更复杂一些，现在人们知道有92种原子。实际上，原子的种类要比这多得多，因为它们的质量各不相同。接下来的问题，是要了解各类原子不同的性质。我们发现，如果了解到原子本身也是由一些更小的东西构成的，我们就能理解原子性质的千差万别了——原子是由原子核以及围绕着原子核运动的电子构成的——各类原子的不同之处仅仅在于它们的电子数不同。在万事万物背后真正起作用的正是这个漂亮的、大一统的规则。

所有不同的原子，其实是同一样东西，只是它们携带电子数量不同。可是，原子核也不尽相同。于是我们开始着手研究原子核。我们采用卢瑟福实验等轰击原子核，立即就发现了大量不同种类的原子核。从 1914 年起，他们先是发现原子核很复杂，然后又意识到，假如原子核也是由一些更小的粒子构成的话，那么它们也是可以被理解的。原子核是由中子和质子构成的，这两者之间的相互作用力把它们维系在一起。为了理解原子核，我们必须对这种相互作用力有更深入一点的理解。顺便提一下，就原子本身而言，也有一种相互作用力，那是一种电作用力，我们是知道这个的。因此，除电子之外，还有一种电作用力，我们称为光子。光和电作用力被整合成为一个叫光子的东西，所以外部世界，也就是说原子核外的空间里是电子和光子。描述电子行为的理论，是量子电动力学，我就是因为研究这套理论获得了诺贝尔奖。

但是现在我们走进原子核，发现它们可能由中子和质子构成，但是，这里也有那种奇怪的作用力。接下来一个问题，是努力理解这种作用力。汤川秀树提出了各种看法，认为可能有其他类型的粒子。于是我们做了实验，设法让高能量的中子和质子互相撞击，结果确实撞击出新东西来了——就像我们让能量足够高的电子互相撞击，就会出来光子一样。这次，我们打出来的新的粒子是介子。看来，汤川秀树是对的。我们继续做实验。接下来，我们得到了无数种不同的粒子，你要知道，不只是一种光子，我们让光子和中子撞击在一起，得到了 400 余种不同种类的粒子——λ 粒子和 Σ 粒子。它们各不相同。此外，还有 π 介子和 K 介子，等等。我们还碰巧制造出了 μ 子，但它们显然与中子和质子没有什么关系——至少比不上电子与它们的关系密切。那是一个意外的发现，我们也不知道后来它跑到哪里去了。它就像是一个电子，但是比电子又重一些。所以，我们这儿有了电子和 μ 子，它们与其他那些粒子之间没有强烈的相互作用——其他那些粒子我们称为强相互作用粒子，或强子。强子包括质子、中子，以及你让它们猛烈对撞后立即就能产生的所有粒子。现在的任务就是系统地试验和描述所有这些粒子的性质。这是个大工程，所有人都投入到了这项工作中去。它被称为高能物理学或基本粒子物理学。过去人们习惯叫它基本粒子物理学，但是没有人会相信400种不同的粒子都是"基本"的——它们有可能是由更基本的粒子构成的。这种可能性看起来很合理。于是，人们发明了一个名字——"夸克理论"。这个理论说，这些粒子里的某些种类，比如质子和中子等等，都是由三种叫"夸克"的东西构成的。

旁白： 至今还没有人见过夸克长什么样子，这真是很遗憾，因为夸克是构成原子和分子的基本材料，而这些结构更为复杂的原子和分子则构成了宇宙万物。"夸克"这个名字是费曼的同事默里·盖尔曼在几年前随意起的。让盖尔曼博士有些吃惊的是，早于他30年前，爱尔兰小说家詹姆士·乔伊斯就已经在其著作《芬尼根守灵夜》中预见性地用到了这个名字，其关键词是"冲马克老爷三呼夸克"。费曼博士解释，更为巧合的是，构成宇宙间各种粒子的夸克目前看来确实有三种。在寻找夸克的过程中，物理学家设法将能量很高的质子和中子撞击，希望它们在撞击过程中分裂出夸克。

费曼： 这些都对，但有一点让夸克理论陷入困境，夸克理论明显过于绝对化了。如果这些粒子是由夸克构成的，那么我们轰击两个质子的话，应该产生 3 个夸克。而事实上，在我们现在谈论的这个夸克模型中，夸克带的电荷十分奇特。我们所知道的自然界所有粒子带的电荷都是整数，通常是一个正电荷，或一个负电荷，或者不带电。但是根据夸克理论，夸克带的电荷，或是负 1/3 电荷，或是正 2/3 个电荷。如果这种粒子真的存在，它应该很明显，早就被我们观测到了，因为它经过云室时留下的气泡数目会少得多。比如一个带 1/3 电荷的粒子，它沿途击打的原子就应该带有 1/9 的电

荷 —— 这是按照平方反比率计算的。所以和一个普通粒子相比，它沿途留下的气泡只有前者的 1/9，这应该是很明显的。如果你能看到一条轻轻划过的痕迹，这就说明有问题了。他们一直在苦苦寻找这样的一条痕迹，但是至今还没有找到。这仅仅是这套理论当中一个很严重的漏洞。这也让我们感到很兴奋，它促使我们思考：我们走的路子正确吗？或者我们完全是在黑暗中瞎转悠，离找到真相还有很大的距离？或者我们已经快要接近真相了，只是还不知道怎样去把握住它？一旦我们能正确把握住它，我们就会顿时明白为什么那个实验看起来不太一样。

旁白：如果这些利用原子粉碎机和云室做的高能物理实验确实能证明世间万物都是由夸克构成的，那又有什么用途呢？我们有没有可能亲眼看到它们？

费曼：努力去弄懂强子和 μ 子等等，这件事在我看来，目前根本看不到什么实用价值，事实上一点儿用也没有。过去有不少这样的例子，很多人说，他们根本看不出这个研究有什么实用价值，可是后来发现这些研究都有用。还有一些人会信誓旦旦地保证，这个研究一定会大有用处。说实话，我觉得那些人很傻。我的意思是，断言某个研究永远不会有什么用处，这是件很傻的事。现在，我也准备当一回傻子，我说研究这些玩意儿压根儿不会有任何应用价值。不是吗？那么你为什么要研究这个呢？因为追求实用价值不是世人做事唯一的目的。探索世界万物是由什么构成的，这是件很有趣的事。正是出于这样的兴趣，人类的好奇心促使我们造出了望远镜。知道宇宙的年龄有什么实用价值？还有，那些遥远的类星体的爆炸跟我们有什么关系？我的意思是，整个天文学又有什么用？什么实际用处都没有，但是很有意思。所以，我探索我们这个世界也是出于这个目的，我满足的是自己的好奇心。如果说满足人类的好奇心也是一种需要，从这层意思来看，努力去满足它，这也是有实用价值的。目前我就是这么看待我们所做的研究的。我不会做出任何许诺，说它将来会有什么经济意义。

旁白：对于科学本身及其对我们的意义，费曼说他不愿意对此展开哲学探讨。然而这并不妨碍他就科学是什么和科学不该是什么样提出自己的观点，这些观点很有趣，极富启发性。

费曼：我得说，科学从它诞生之日起，就是这个样子。它致力于理解某些问题或事物，它依据的原则是：凡是发生了的就是真的，这也是判断一个理论正确与否的标准。如果李森科说，你把 500 代老鼠的尾巴都砍掉，之后新生的老鼠就没有尾巴了（我不知道他是不是说过这样的话，我们姑且就认为是某某先生说的）。然后你去做实验，结果不是这样的，于是我们知道那个理论不正确。这个原则就是：通过实验或经验将正确的和错误的认知区分开来。由此获得的符合这个原则的知识体系连同这个原则，就构成了科学。

除了实验，我们带给科学的，还有无数追寻普遍真理的充满智慧的尝试。所以，科学不仅仅是那些在实验中碰巧发生的，被证实为正确的理论的总和；科学也不仅仅是我们剪掉老鼠尾巴时会发生的那些事实的综合——那样的话，我们脑袋里就要装太多太多的东西了。我们已经发现了大量的普遍性原则。比如，如果这理论适用于老鼠和猫，我们就说它同样适用于其他哺乳动物；如果它也适用于植物，那么，在一定程度上，它就是生物的一个自然属性，是我们先天就有的，而不是后天形成。但是，这种推理不是几乎完全正确的，而是绝对正确的。我们后来发现，有实验证明细胞能够通过线粒体或其他东西传递遗传信息，于是我们就一边研究一边修正这理论。但所有的理论必须尽可能具有广泛性和普遍性，而且还要与实验结果保持完全一致，这才是真正的挑战。

你知道，通过实验得到一些结论——这听起来十分简单——你只需去做实验，然后看结果。但是，由于人是有弱点的生物，事实表明，做到这一点远比你想象的要困难得多。拿教育做例子，一个人看到人们教数学的方法，他说："我有个更好的办法。我要做一个玩具计算机，用这个来教学生。"于是他找了些孩子来做实验——他找不到很多孩子来做实验，也许有人给了他一个班级来试试。他热爱这项工作，他很兴奋。他完全清楚自己要做什么。孩子们知道这是样新鲜事物，所以他们也都很兴奋。他们学得非常好，他们的算术学得比其他孩子都好。你考了一下他们——他们学的是算术，然后这就作为一个案例被记录下来：这种教学方法可以提高算术成绩。但是，这是一个个案，它没有普遍性，因为这个实验的一个前提条件是教学的人就是这种教学方法的发明人。而你真正想知道的是，如果把这个方法写进一本教师用书，供普通教师使用（你必须考虑普通的教师，实际上各地教师中，肯定有许多水平一般的教师），他们拿到这本书，然后尝试用书上介绍的方法教算术，教学效果一定会变好？换句话说，事实上，你所知道的各种各样关于教育、社会学，甚至心理学的陈述——所有这类事，我得说，它们都是伪科学。他们做了统计，据他们自己说，统计得非常仔细；他们做了实验，其实那些并不是真正的可控实验。那些实验结果，其实没有严格意义上可控实验应该具备的可复制性。他们把所有这些做成实验报告，因为做得很细致认真的科学研究都会成功，他们认为这么做，就会得到回报。我这里有一个例子。

在所罗门群岛，如许多人所知道的，岛上的原住民原本不知道飞机为何物。在"二战"期间，飞机曾降落在岛上，并给士兵们带来各种各样的好东西，所以这些岛上出现了飞机崇拜。他们仿建了飞机降落跑道，在跑道边上点上篝火模仿灯光，一个可怜的原住民坐在他修建的一个木盒子里，戴着木制的耳机，上面插着细竹竿代表天线，前后晃动着脑袋。他们还有木制的雷达罩和其他一些东西，希望借此吸引飞机给他们带来好东西。他们不过在拙劣地复制战时机场的样子，这也正是某些人干的事。而我们现在很多领域有出奇多的活动，打着科学的幌子，实质上和那些岛民的行为没有两样。举个例子，所谓的教育科学，其实根本就算不上科学。他们做了大量工作，就好像是花了大量时间雕琢出那些东西，那些木头飞机，但是这并不意味着他们真的发现了什么有价值的东西。刑罚学，监狱改革——目的是要弄清人们为什么犯罪。看着这世界——以我们现代人对这些事情的理解，我们对此看得越来越明白。对教育的理解更多了，对犯罪的理解更多了，但是考试成绩不断下滑，监狱里的犯人在不断增多。年轻人在犯罪，而我们根本不了解原因。想要以模仿科学的方式——他们现在正在用的方式，去发现事物的某些特性，这种做法就是没有效果。现在如果我们懂得如何运用科学方法，那么科学方法在这些领域是否能起作用？我不知道。在这方面，它尤其无力。也许有一些别的什么方法，比如倾听过去人们的想法和老人多年的经验，这或许是个好主意。只有当你另有一个独立的信息来源，而且你已经决定挖掘那方面的资料时，你才能不理会那些过往。对于那些已经见过和思考过这事物，并且不科学地得出了一个结论的人，如果你想忽略他们的智慧，那么你一定要留心你是在追随谁。比起身处现代社会的你，他们观点正确的概率并不比你少，而你们做出不科学的结论的概率也是一样的。

我说的这些怎么样？要做一个哲学家，我还算够格吗？

旁白：在今天的《科学的未来》这个节目里，您刚刚听到的是加州理工学院的理查德·费曼博士的访谈录音。我们采访了多位诺贝尔奖得主，制作成系列录音访谈节目。该系列访谈节目是由美国科学促进协会资助的。

第十三章

科学和宗教的关系

在一个思想实验中,费曼设想了一场研讨会,其间科学家和唯心论者纷纷表述各自不同的思索和观点,讨论科学和宗教之间的相同和不同之处。科学和宗教都在探寻真理,它们有着根本的区别,目前争论很激烈。费曼展望了未来20年间这两者可能的争辩。在其他问题上,费曼提出了自己的疑惑:无神论者能否建立起基于其科学知识的伦理道德,就像唯心论者基于他们对神的信仰而建立起一套伦理道德?对于注重实效的费曼来说,这是个非同寻常的哲学命题。

在这个专业化日趋精细的年代，精通某个领域的人往往没有能力去讨论另一个领域的问题。正是因为这个原因，我们对于人类活动不同领域的关系的公开讨论越来越少了。回顾过去关于这类主题的大辩论，我们有点羡慕，因为我们原本也喜欢这种辩论中思想激荡的乐趣。一些古老的问题，比如科学与宗教的关系等问题，仍然存在。我相信在这类问题上，我们面临着和过去一样的困境，但是因为专业的制约，现在人们很少公开讨论它们了。

但是长久以来，我对这个问题一直怀有浓厚的兴趣，所以很想来讨论一下。考虑到我的宗教知识以及对宗教的理解极其有限（随着讨论的深入，我这方面的欠缺会越来越明显），我想这样来安排讨论：我要做一个假设，不是一个人，而是一群人在讨论这个问题，他们是来自不同领域的专家——不同的科学学科，不同的宗教派别，等等，我们将从不同的方面来讨论这个问题，像个研讨会。每个人都给出自己的看法。

随着讨论的进行，他的看法可能被淹没，也有可能被修正。而且我还要想象有一个人通过抽签获得首先发言权，而我就是那个第一个发言的人。

我首先提一个问题：一个在信教的家庭长大的年轻人学习科学，结果对他父亲信奉的神产生了怀疑——也许后来就不信神了。实际上，这不是一个特例，这样的事时有发生。虽然我没有这方面的统计数字，但我相信，许多科学家——实际上，我确信半数以上的科学家，确实不信他们父亲的神，也就是说，他们不再以传统的方式去信奉神。

既然信奉神是宗教的核心特征，那么，我选择的问题可能是科学和宗教的关系中最为尖锐的一个问题：这个年轻人为什么开始不信神了呢？

我们可能听到的第一个答案非常简单：你知道，是科学家教他的，（正如我已经指出的）他们内心都是无神论者，所以邪恶从一个人传播到另一个人身上了。但是如果你赞同这个看法，我就得说了：你对科学的了解比不上我对宗教的了解。

另一个可能的答案是：孤陋寡闻是很危险的，这个青年人才学了一点点皮毛，却自以为知道了一切。但是不久他就会抛弃这种一知半解的诡论，重新认识到这世界其实复杂得多，于是他又会重新接受这种看法：神一定是存在的。

我不认为这个青年人必然会抛弃对神的怀疑。我们有许多科学家——这些人自认为是思想成熟的人，但他们也同样不相信神灵。实际上，正如我后面要解释的那样，答案不是那青年人自以为懂得了一切，而是恰恰相反。

你得到的第三个答案可能是这个青年人其实没有正确地理解科学。我不相信科学能够反驳神的存在，我觉得这是不可能的。如果科学不能证明神的存在为伪，那么是否意味着信仰科学和信仰一个神——宗教普遍意义上的神——有可能和平并存？

是的，和平共存。尽管我说过半数以上的科学家不信上帝，但是也有许多科学家确实既相信科学又信奉神，而且一点儿不冲突。但是，这种相容性尽管可能，却不容易达到。我下面想讨论两件事：为什么说这种境界不容易达到，以及这是否值得我们去努力？

当然，在我说"信奉神"时，这儿总是有个疑惑——神是什么？我指的是那种人性化的神，具有西方宗教的特征；它是你祈祷的对象，是创世者，并在道德上指引你。

对一个学生来说，当他学习科学时，在试图把科学和宗教兼收并蓄时有两个困难。其一：存疑是科学的基本要求，让不确定性成为你内在本性的一个部分，这对科学的进步来说，是绝对必要的。为了更好地理解世界，我们必须保持谦逊，必须接受自己的无知。世事无定论，也没有什么事是确凿无疑的。你因为好奇而去调查研究，是因为它是未知的，而不是因为你知道现成的答案。当你对某一个学科的认识更深一些时，这并不意味着你发现了真理，而是意味着你发现这个或那个更有可能性，或者更没有可能性。

这就是说，随着研究的深入，我们会发现，科学表述的不是什么是对的或什么是不对的，科学表述的是不同程度的确定性："某一样东西对的可能性远远大于错的可能性"，或者"某一样东西几乎可以确定，但是仍有一点点疑问"，或者另一个极端——"这个，我们真的不知道"。任何一个科学概念，都是处在绝对谬误和绝对真理之间的不同阶段，而不会处在两个极端。

我相信，接受不确定性这个观念是非常必要的，这不仅是为科学负责，也是为其他的事情负责，承认自己的无知很重要。事实上，在我们的人生中，每当我们做一个决定时，我们不一定要知道我们是在做一个正确的决定，我们只是想，我们要做得尽可能好——这是我们应该做的事情。

不确定的态度

我想，当我们确认自己是生活在不确定之中时，我们应该接受它，承认我们不知道很多问题的答案，这对我们很重要。这种内心的态度——这种不确定的态度，对科学家来说是至关重要的，这也是一个学生首先要学习的态度。它会变成一个思考的习惯，一旦拥有这个态度，你就再也不可能丢弃它。

然后我们就看到，那个青年人开始怀疑每一件事情，因为他不能把任何说法当作是绝对真理。于是，那个问题就有了细微的变化，从"神存在吗"变成"神存在的可能性有多大"这个非常细微的变化其实是一记重拳，宣告了科学和宗教开始分道扬镳。我不相信一个真正的科学家还能用没学科学之前的那种方式去信奉神。虽然有科学家信奉神，但是我不相信他们对神的认知会和宗教人士一样。如果他们认为信教与他们从事的科学工作不抵触的话，我想他们会对自己这么说："我几乎可以确定有神灵存在，可疑性很低。"这和说"我知道有一个神灵存在"是很不一样的。我不相信一个科学家有那种观点——那种纯粹的宗教式的理解，把神灵的存在当作真理——宗教人士特有的、那种绝对肯定的认知。

当然，这个怀疑的过程并不总是以否定神的存在开始的。通常情况下，特殊的宗教信条，比如来生的问题，或宗教学说的细节，比如耶稣的生活细节，会首先被拿来仔细考证。这种方式更有意思，以这样一种简单明了的方式直击核心问题，进而探讨神是否真的不存在。

一旦人们放弃绝对化问题的争论，转而用不确定性来考虑问题，情况就会有很大改观。大多数情况下，得到的答案是"非常接近肯定"；而另一方面，对有些问题来说，比如那个年轻人父亲对神的看法——细致考察后的这个最终结果，即便是"非常接近肯定"，也许就相当于宣告它几乎就是根本错误的。

信奉神灵VS科学事实

我们因此面临这样的难题：在我们的学生试图将科学和宗教结合时遇到的第二个问题：为什么信奉神灵最终常常被认为是很不理

智、很不可能的 —— 至少对宗教信仰中的神灵如此？我认为答案取决于他掌握的科学知识 —— 那些知识到底是正确的，还是部分正确的？

比如，宇宙的浩渺给人留下了非常深刻的印象：我们身处一个围着太阳旋转的小天体，飘浮在拥有千亿颗恒星的银河系中，而银河系本身只是 10 亿个星系中的一个。

还有，生物学意义上的人类与动物有很密切的关系，两者不过是不同形式的生物体。在波澜壮阔的进化舞台上，人类只是一个后来者，其他生物怎么可能仅仅是为了人类的出场而搭的"脚手架"？

再者，所有的东西看起来都是由原子构成的，遵循一些亘古不变的定律。没有什么例外，星体是由原子构成的，动物也是由原子构成的，但是组合形式这么复杂，甚至神秘到无可复加 —— 我们人类自己就是一个例证。

超越人类自身去思考这个宇宙，思考假如没有人类存在宇宙的意义，这是一个伟大的冒险 —— 因为宇宙漫长的历史中有很长一段时间是没有人类存在的，而且浩瀚宇宙间有人类存在的地方也很少。当我们最终拥有这种客观的宇宙观，并且能够欣赏物质的神奇和庄严之后，再回过头去客观地看待人类 —— 人也不过是一个物体，生命是这个宇宙中最神秘的一个组成部分，我们会有一种新奇的体验。这样的观察结束后，我们往往会开怀大笑，虽然努力去寻求答案，看似一无所获，这个过程却让我们很欣喜。这些科学见解无一不让我们感到敬畏与神秘，它们有太多的不确定性，但是它们又显得那么深刻，令人难忘。相比之下，那种理论 —— 认为宇宙间一切安排只不过是搭了个舞台，台上的人们在善恶间挣扎，而神灵在云端观看 —— 似乎就不那么尽善尽美了。

现在设想一下，那个学生，也就是我们前面说到的那位年轻人，就处在这样的情况下，他对科学的信念逐渐加深，所以他相信，一个人的祈祷是不会被神听到的（我不是想要证明神不存在，我是想提醒大家注意一点，可能大家也有同感，为什么那么多人会认为祈祷毫无意义）。而这种怀疑的结果，必然导致伦理成为下一个被怀疑的对象。因为在他所学的宗教里，行为道德规范是和神灵的神谕联系在一起的，如果神灵不存在，该怎么看待神灵劝诫教徒的话呢？但是，我觉得，令人相当惊喜的是，道德问题可以说最终没有受到什么冲击。起初，那个学生可能认为这套道德规范在有些地方说得不对——问题很小，之后，他会时常推翻自己原有的观点，而到了最后，他的道德观念没有什么根本性的变化。

这样看来，这些道德观念有一定的独立性。最终，我们可能一方面怀疑基督的神圣性；一方面又坚信，善待邻居是一件好事，因为这样他也会这样善待你。一个人同时具备这两种信念，这并不冲突。我得说，我希望你们发现：我的那些持无神论的、从事科学研究的同行，通常在社会上都是道德高尚的人。

尽管科学对许多宗教观念有一些冲击，但它对道德层面的内容没有影响。宗教包罗万象，几乎所有的问题宗教都会给出答案。首先，它回答了这些问题：事物的本质是什么？它们从哪儿来？人是什么？神灵是什么——神灵的本质是什么？我把这称作"宗教的形而上学层面"。它还教导我们另一件事——行为规范。我是指，除了一些特定场合的行为规范和该执行什么样的仪式等等内容，它还指导我们在日常生活中如何为人处世，做品行高尚的人。在道德问题上，宗教也给出了答案，制定了道德和伦理的规范，我称之为"宗教的伦理学层面"。

现在，我们知道了，即便确立了道德标准，人性也是有弱点的，为了让人们能问心无愧，必须时常提醒他们要遵循道德规范。这件事没有那么简单，不仅仅是一个人有没有正确的道德认知的问题，你还要坚持去做你知道的那些正确的事情。我们需要宗教给我们力量和慰藉，鼓励我们去遵循这些道德规范。这是"宗教的感化层面"，它不仅规范人们的道德行为，还给艺术和很多伟大的思想提供了灵感。

内在联系

宗教的这三个层面是有内在联系的。考虑到它们密切的内在联系，人们通常认为攻击这个体系的某一个方面就等于攻击整体。宗教这三个层面的联系特点大体如下：道德层面，道德规范，这是神灵的神谕，这里涉及形而上学的问题。然后就有了宗教对人的感化作用，因为人要努力贯彻神灵的意志，一方面是他为神灵效劳的缘故；另一方面，他会感到自己与神灵同在。这是一种巨大的鼓舞，因为这使他的行为与世间万物就有了一种普遍的联系。

所以这三个层面有着十分密切的内在联系。麻烦的是，科学有时候和宗教的第一个层面——宗教的形而上学——会发生冲突。比如，人们过去曾经争论地球是否是宇宙的中心——地球是绕着太阳转，还是静止不动？这其中发生过可怕的冲突，科学的突破困难重重，但是这个问题最终还是解决了——在这件事上，宗教败退了。离我们时间稍近一些的冲突，是围绕人是否有动物祖先这个问题产生的大辩论。

很多此类的大辩论，最终都以宗教的形而上学的观点的退败而告终。尽管如此，宗教并没有就此一蹶不振。还有，宗教的道德观念似乎没有发生明显的或根本的变化。

不管怎么说，地球是绕着太阳转的——宗教最好还是转过另一边脸（让人打），难道不是吗？地球是静止还是绕太阳运转，这有什么关系？我们可以预期，还会有别的冲突出现。科学在发展，总会有一些新的发现，而他们将会挑战和质疑当前某些宗教的形而上学的理论。实际上，即使宗教在过去已经节节败退，对于某些人来说，在他们同时学习科学知识和聆听宗教说教时，他们内心的冲突是确确实实存在的。两者没有协调好，现实的冲突仍然存在，然而，道德观念并没有受到影响。

事实上，在宗教的形而上学层面，冲突的严重程度加倍了。首先就是客观现实与教义的冲突。即使不存在这种冲突，两者对待这些问题的态度也大相径庭，所以也可能产生冲突。在形而上学问题上，一方是科学中的不确定精神，另一方是宗教要求的绝对确定性和无条件信仰，两者相去甚远。我相信，在宗教的形而上学层面，不管在客观现实还是各自秉承的精神方面，科学和宗教肯定会有冲突。

照我的看法，宗教不可能发现一套能够保证不会与科学产生冲突的形而上学观点，因为科学是永远在发展，而且总是处在变化中，它一直在向未知的领域进军。我们不知道怎样回答一个问题，我们不可能发现这样一个答案——它永远不会在将来某一天被发现是错的。科学和宗教都在努力回答同一个范畴的问题，冲突自然在所难免。

科学和道德问题

另一方面，在伦理的层面，我不相信宗教和科学会发生真正的冲突，因为我相信伦理问题不在科学的范畴之内。

我用三个理由来证实我的看法。第一，在形而上学层面，过去科学和宗教已经发生了不少冲突，然而原有的那一套道德观念并没有崩溃，也没有改变。

第二，有这样一群好人，他们遵循基督教的伦理道德，却又不信教。他们觉得这样做并没有什么冲突。

第三，尽管我相信，科学界的一些发现可能时不时被人们拿来证明宗教的合理性，比如，这些科学发现被当作基督生前创造的"神迹"的证据，或者被用来印证宗教的其他形而上学的观点。但是在我看来，没有什么科学证据会影响《圣经》上为人处世的黄金律（即"你们希望别人怎样对待你们，你们也要怎样对待别人"）。在我看来，这二者有所不同，一定要把它们联系在一起有些牵强。

现在让我们来看看，我能否就此做一些哲学层面的解释——为什么科学不能影响道德的根基？

一类典型的与人有关的问题，一类各种宗教努力回答的问题，通常是这种句式：我该不该做这件事？我们该不该做这件事？政府该不该做这件事？为了回答这类问题，我们可以把它分解成两个部分：（一）如果我做这件事，会有什么结果？（二）我希望这样的结果发生吗？它对我有什么影响——对我有好处吗？

"如果我做这件事，会有什么结果？"这种形式的问题，严格地说，是一个科学问题。事实上，科学可以被定义为：只为试图回答上述句式的一类问题的一种方法以及通过这个过程获得的所有信息总和。从根本上来说，这种方法就是：试一试，看看会有什么结果；然后你再把从这些试验中获得的大量信息收集到一起。所有科学家都会同意，一个问题——任何一个问题，不管是哲学的或是其他什么问题——如果不能以那种可以用实验验证的句式表述（或者，简单来说，不能用这种形式表达：如果我做这件事，会有什么结果？），它就不是一个科学问题，它就不在科学的范畴内。

我断言，不管你是希望发生什么事，还是不希望发生什么事——这件事发生了有什么价值，以及你如何评判这个结果价值（这是"我该不该做这件事？"这个问题的第二个部分）——这些问题肯定都在科学的范畴之外，因为这不是一个仅仅凭你知道会发生什么事就能够回答的问题，你还不得不从道德的角度去评判发生这件事的后果。因此，从理论上讲，两者并不属于一个范畴。所以我认为，道德评判——或者说宗教的伦理——和科学的信息完全没有什么关联。

转到宗教的第三个层面——感化层面，这是我想向虚拟的研讨会陈述的中心问题。当今，任何一种宗教具有的感化作用的来源——给予力量和安慰——与其形而上学的层面是密切联系的，也就是说，感化和激励众生的缘由在于人在为神工作，服从神的意志，他感受到和神同在。在这个基础上建立起来的、遵循道德规范的情感纽带，由于怀疑神灵的存在，开始被严重削弱——哪怕是有一丁点儿怀疑神灵的存在。因此，当人对神的崇拜开始动摇时，这种特殊的感化手段也就失效了。

我不知道如何回答这个中心问题——既要维持宗教的现实作用，以此作为大多数人力量和勇气的源泉，同时又不要求人们全盘相信宗教的形而上学理论。

西方文明的传统

在我看来，西方文明有两个伟大的传统作为基石。一个是科学的探险精神——这是对未知领域的探险，为了探索真理，人们必须承认自己的无知——"知之为知之，不知为不知"，对于未知的事物如此，对于未知的宇宙奥秘也是如此，坚持"一切都是不确定"的态度，概括起来一句话：智者的谦逊。另一个伟大的传统是基督教伦理——以爱作为行为基础，视所有人为兄弟，尊重个体的价值——这是精神层面的谦虚。

从逻辑上讲，这两个传统完全不矛盾。但是逻辑不是一切，人的心灵需要追随一个理念。如果人们回归宗教，他们放不下的是什么呢？一个怀疑上帝的人，甚至不相信上帝的人，现在的教堂是一个能给他安慰的地方吗？现在的教堂是一个能够给予这种怀疑的观点安慰和鼓励的地方吗？迄今为止，我们不是都在借互相攻击对方来汲取力量和安慰，以此维持科学传统或宗教传统吗？而它们二者原本都是西方文化传统中互为一体的组成部分！这种情况可以避免吗？我们怎么才能获得启示，使西方文明的这两个支柱充满活力、互相支持，而不互相倾轧？这不正是我们这个时代的中心问题？

我把这个问题提交给研讨会讨论。

鸣谢

《发现的乐趣》一文是费曼的电视访谈的文字稿，该访谈节目后在BBC2台的《地平线》栏目播出，节目名为《发现的乐趣》。此次重印出版得到该节目制作人克里斯多佛·萨爱克斯及费曼家属卡尔·费曼和米歇尔·费曼的授权。

《关于计算机的预言》被收入《纪念仁科演讲文集》，最初于1985年发表。此次转载出版承蒙"纪念仁科基金会"的代表 K. 仁科教授的许可。

《从加入"曼哈顿计划"到亲眼看到原子弹爆炸》最初发表在加州理工学院的《工程和科学》杂志。已获准转载。

《科学文化在现代社会中扮演什么角色？应该扮演什么角色？》由意大利物理学会授权转载。

《底下还有大量的空间——对纳米技术的展望》最初发表在加州理工学院的《工程和科学》杂志。已获准转载。

《科学的价值》选自《你干吗在乎别人怎么想》一书。

该书记录了理查德·费曼和拉夫·莱顿的谈话。版权©1988属于格温妮斯·费曼和拉夫·莱顿。由 W.W. 诺顿出版公司授权转载。

《科学是什么》由《物理教师》授权重印，原文发表在《物理教师》第九卷，313—320 页。版权©1969属于美国物理教师协会。

《世界上最聪明的人》由 *Omni* 杂志授权转载，版权©1992属于奥美尼国际出版公司。

《货拜族科学：探讨科学、伪科学以及学习如何不自欺》最初发表在加州理工学院的《工程和科学》杂志。已获准转载。

《就像1，2，3那样简单》选自《你干吗在乎别人怎么想》一书。该书记录了理查德·费曼和拉夫·莱顿的谈话。版权©1988属于格温妮斯·费曼和拉夫·莱顿。由W.W.诺顿出版公司授权转载。

《科学和宗教的关系》最初发表在加州理工学院的《工程和科学》杂志。已获准转载。